守护心灵

学生成长导师制探索

胡学平　王雁 / 主编

安徽师范大学出版社

·芜湖·

责任编辑:吴毛顺

装帧设计:北京中尚图文化传播有限公司

图书在版编目(CIP)数据

守护心灵:学生成长导师制探索 / 胡学平,王雁主编 —— 芜湖:安徽师范大学出版社,
2016.8

ISBN 978-7-5676-2492-4

Ⅰ.①守… Ⅱ.①胡… ②王… Ⅲ.①导师制 – 研究 – 中学 Ⅳ.①G632.0

中国版本图书馆CIP数据核字(2016)第116107号

守护心灵——学生成长导师制探索

胡学平　王雁　主编

出版发行:安徽师范大学出版社

芜湖市九华南路189号 安徽师范大学花津校区　邮政编码:241002

网　　　址:http://www.ahnupress.com/

发 行 部:0553-3883578　5910327　5910310(传真)　E-mail:asdcbsfxb@126.com

印　　　刷:浙江新华数码印务有限公司

版　　　次:2016年8月第1版

印　　　次:2016年8月第1次印刷

规　　　格:700 mm×1000 mm　1/16

印　　　张:13.25

字　　　数:244千

书　　　号:ISBN 978-7-5676-2492-4

定　　　价:33.80元

编　委　会

序

　　来到马鞍山市教育局工作不久，在市第二十二中学调研时，了解到该校自2011年以来一直在推行"学生成长导师制"工作，这引发了我的思考。导师主要做什么？学校教育教学工作中为何要建设导师队伍？"学生成长导师制"这一创新工作可否推广到相关学校？带着这些问题，我在翻阅学校提供的工作材料时，找到了一些答案，有了一些认识。因此，写这篇序也有了一些思绪。

　　首先，"学生成长导师制"切合了当前中小学教育改革和发展的实际需要。党的十八大报告提出：教育的根本任务是立德树人。深化教育领域综合改革必须坚持立德树人基本导向。坚持立德树人基本导向，本质要求是育人为本、德育为先、能力为重、全面发展，尽力为每个学生提供适合的教育。"学生成长导师制"改变了原先仅由班主任管理班级、教导学生的工作方式，采用师生结对形式，导师主要来源于班级科任教师，导师们既教书又育人，课堂上是学生学习科学文化知识辅导员，课后是学生思想道德教育引导员、心理健康教育指导员，还是学生家长实施家庭教育的教导员。导师制实行的是全员育人模式，它将是今后一个时期学校教育管理的发展方向之一。

　　其次，"学生成长导师制"切合了广大中小学生健康成长的实际需要。在新一轮课程改革中，倡导学校德育工作以生为本，回归生活，关注学生的成长发展需求。当前，随着社会文化的多元化，社会阶层分化日益多样，青少年学生群体也呈现纷繁多样的色彩，社会各界都在呼唤学校和教师及时转变观念，呼唤建立关注学生健康发展成长的教育新机制。学习、思想或行为方面存在偏差的学生，需要及时纳入教育工作者的管理视野；一些有个性、有特长的学生，渴望有良师的指导与相助，以更好地发挥兴趣爱好；有一些学生在成长过程中，遇到困惑与疑难，他们需要倾诉的对象，更希望得到教师的理解与帮助……因此，我们的学校需要这样的学生成长导师来点燃学生心智的火焰，启蒙和开发学生内在的潜质，帮助他们走好青春的每一步。

再次，"学生成长导师制"增强了广大教师的责任感和荣誉感，调动了教师的主观能动性。作为学生成长的导师，不仅仅局限在课堂上搞好自己的教学工作，在课后还要思考学生教育，关注学生发展，直接指导每位学生的个性成长。其工作方式从原来单一的批评说教拓展到采用家访、电话、书信、网络等多种形式进行人文关怀，这种个别化教育更能促进师生的教学互动，使思想道德教育、心理健康教育、学业课业指导融为一体，更有利于师生和谐关系的构建，更能凸显教师个人的教育魅力和智慧。这是一种亲情化、个性化的德育模式。

第四，"学生成长导师制"建立了学校德育与教学有机融合的运行机制，导师制体现了教学的教育性原则。长期以来，学校德育与教学的"分工"造成学科教师在指导学生进行学科学习时难以顾及思想、情感、态度与价值观的发展，关注学生的身心发展状态。对于学校教育管理而言，无法将德育真正渗透到学生的学习与生活全过程。学校德育工作的全面推进，不能仅仅依赖于班主任及德育团队的线条式教育，必须调动整个教育力量，从根本上改变教学与德育背离的状况，构建立体化的运行机制。导师制的实行，即构建了全员育人的工作机制，并以班主任队伍为核心，学校管理层、教学团队共同参与，甚至可以使校外的力量共同参与到学生成长导师组织中。我感觉，这不仅仅是学校德育管理的一种探索，更是适应国家新课程改革乃至高考改革的一种探索。

可喜的是，马鞍山市第二十二中学在"学生成长导师制"这条探索之路上已经行走了五个年头，摸索出了符合学校教育教学实际的工作思路。我期待，能有更多的学校继续探索、前行。

谨以为序。

杨才余

2016年4月20日

目　录

第四章
探索之步

第五章
探索之乐

第一章 探索之路

用心灵呵护心灵
——安徽省马鞍山市第二十二中学"学生成长导师制"探索

胡学平

2011年8月,我校各年级同步启动了"学生成长导师制",每一位任课教师担任自己任教班级12名或更多学生的指导教师(我们称之为"导师"),对学生的道德习惯、学习习惯和生活习惯进行全过程、全方位指导,并经常与学生家长保持联系,共同教育学生。我们还要求学生每天或每周把自己的经历、反思写在《学生成长记录》上,每周交给"导师"批阅一次,"导师"每周与学生交流一次,给学生提供一些帮助。我作为这项工作的发起者,也参与了这项工作。三年多的实践与探索,我对"学生成长导师制"工作有了更多的体会和认识,对《学生成长记录》也有了一些新的想法。

一、缘起:基于学校实际的选择

导师制起源于英国,创始人是曾任温切斯特主教和英格兰大法官的威廉·威克姆。导师制最早出现于英国牛津大学的"新学院"(兴建于1379年),当时新生被录取后到某一学院报到时,学院当局就给他指定一位导师。牛津与剑桥大学在建校之初就实行导师制。事实证明,这一制度是行之有效的,培养了众多具有创新精神、成就卓越的人才。由于导师制在人才培养中的有效性,继牛津和剑桥大学之后,世界上许多国家的高等教育都采用导师制。随着各国经济和教育的发展,一些实力较为雄厚的大学开始在本科教育中实行导师制。

21世纪初,国内一些知名高校开始在本科教育中实行导师制。北京大学2002年在本科生中试行导师制,浙江大学2002年在本科生中全面实施导师制,但本科生导师制与研究生导师制相比有很大不同。

在基础教育领域,国内也有一些重点高中(如上海市建平中学、湖北宜昌市第一中学、江苏南京市第一中学、北京八十中等)实行导师制。南京市第一中学提出了导师制课堂教学的四条原则——"全面引导、崇实引导、及时引导、因才引导";北京八十中则致力于为有特殊兴趣爱好的学生选择导师,指导学生进一步发展。上述学校实施的高中导师制虽取得了较好的效果,但其关注的重点是导师对学生学业和学习能力的指导,在学业指导的同时,如何有效地进行思想、生活的分类指导或有针对性的道德品行的个别化辅导则很少见到。我们认为,后者更是实施导师制的意义所在,以此实现"教书育人"的宗旨,将道德教育生活化,为学生的终身健康成长创造条件。

由此可见,导师制是开展优质教育、造就高层次人才的一种行之有效的制度。在国内普通高中,导师制虽然还没有形成完整意义上的实证经验,但导师制所具有的一系列功能预示着无限广阔的前景,在条件具备的高中试行这一制度,不仅是必要的,也是可能的。

在班级授课制下,班主任作为班级管理的核心,承担着教育全班学生、及时联系家长的重任,是学校实施教育教学工作的得力助手。在教育学中,班主任被称为"班级导师"。教育教学的实践证明,有一个好的班主任就有一个好的班级。在当今独生子女占主体的社会,一个孩子是一家几代人的共同希望,所以班主任工作责任重大。但在实际工作中,我们看到,由于班主任自身也承担教学工作,并没有因为担任班主任而减少教学任务,因而班主任在教育学生、联系家长方面要做到精细化、常态化难度确实很大。

2011年4月,组织上安排我到二十二中担任校长,如何基于学校生源现状,加强和改进学校德育管理模式,成为我当时思考的几个问题之一。在这个背景下,我们在全校范围内实行"学生成长导师制",可以在一定程度上分担班主任的部分教育工作,或者说可以把教育学生、联系家长的工作做得更好、更细。

我校实施的"学生成长导师制"是根据学校实际而采取的一种注重学生全面发展的育人模式。该模式既重视学生的学业成长,又关注学生的道德品行,并力图探索两者之间的相互影响,从而实现构建普通高中育人新模式这一目的。

二、支撑：理论和现实的需要

(一)理论支撑

1.人的发展理论

心理学研究表明，学生的个体发展包括生理发展、人格发展、主体与他人关系的社会性个性发展，以及认识的发展等四个方面，这些发展的内容实际上包含受生理规律支配的个体生长与成熟和受环境支配的个体心理发展两个方面。由于诸多因素的影响，学生的发展有较大的差异性。有关研究表明：12—18岁青少年时期，正是学生开始发展自我同一性的时期，教师应当理解学生需要大量的机会来体验、理解、选择社会角色，提供机会让学生了解社会与他人的想法，通过讨论等形式帮助学生解决自身存在问题。因此，为促进学生的全面发展，学校应当重视情感因素的作用，重视师生之间的情感交流。

2.主体性理念

主体性理念研究者认为，学生的主体性有两种含义：一种是人在自我发展中的主体性，它属于教育与发展过程中的问题，是在教育过程中需要调动、培育和提高的学生主动性、积极性、创造性、自主性；另一种是人在历史发展中的主体性，它属于教育目的和结果的问题，是教育应塑造、追求和实现的学生在未来发展中成为社会主体的人的主体性。"以人为本"是"学生成长导师制"的重要理念，教师要注重学生的个别差异，以培养学生健康的个性、健全的人格为本，以学生的终身发展为本，同时也满足了教师自身发展、自我完善的价值需要，促进了教师自身发展。

3.因材施教理论

人是千差万别的，每个人的个性都反映了自身独特的心理状态。个性中既包含共性的心理特征，更包含个人与他人有所区别的心理特点。在德育管理上，采用单一的形式、统一的标准，强调共性的德育环境下，会寻找不到学生真实的个性体现。因此，学校德育的创新，应该在"共性制约"与"个性释放"问题上进行认真的探讨。学校德育要通过教师讲解和引导，通过教师和学生、学生和学生的交互教育作用，启发学生自我判断、自我选择、自我修养，培养学生的道德认知能力；要通过发挥教师的教育智慧和学生的主体作用,充分调动师生双方的积极性,使教师根据学生的实际,发掘成长需求,让学生树立正确的人生观;要通过带领学生参加实践活动,缩短教育内容与学生成长需要之间的距离,引导学生掌握行为准则,磨炼自己的意志,做出正确的自律行动,健全高尚的人格。

(二)现实依据

实施"学生成长导师制"是构建全员育人、全过程育人和全方位育人理念和体系的有效探索,是全面提升学生综合素质的根本需要。

1.实施"学生成长导师制"是教育发展的必然要求

"学生成长导师制"是深入贯彻落实科学发展观,努力办人民满意的教育的需要;是为了真正落实"全员育人、全程育人、全方位育人"的教育理念,实现教师人人是导师、学生个个受关爱的良好局面的需要;是为了打造一支"敬岗、爱生、团结、高效"的教师团队的需要;是为了培养一批具有良好的心理素质和强烈的社会责任感,具有终身学习能力、合作交流能力和创新精神的国家建设人才的需要。

2.实施"学生成长导师制"是落实新课程理念的需要

"学生成长导师制"以"实现每个学生最大可能的发展"为宗旨,使教育更趋亲情化、个性化,让每一位学生的品行得以塑造,习惯得以养成,个性得到张扬。倡导教师最大限度地宽容、理解、善待学生,在充分尊重和信任学生的基础上,因材施教,因势利导,通过课外"一对一""面对面"的指导,使他们学会做人、学会求知,不断促进学生综合素质的全面提高。

3.实施"学生成长导师制"是教育走向精细化的需要

导师必须以促进学生的可持续发展为指向,在全面了解受导学生的基础上,通过师生共同讨论协商,确定符合学生的发展目标;导师要高度重视学生的个性差异,善于发现、研究受导学生的情感、智能、兴趣与爱好等个性特点,开展个别化教育,促进学生的个性发展;导师要尊重学生的人格,真诚关爱受导学生,努力成为受导学生的良师益友;导师要根据受导学生的身心发展特点、道德水平和认知基础,循序渐进地进行教育,逐步提高受导学生的道德修养与学习能力;导师在施导过程中,要尊重受导学生的个人隐私,不得随意泄露受导学生的思想、学习、生活等方面的问题。

4.实施"学生成长导师制"是融洽师生关系的需要

导师工作做得好，就更容易发现每一个学生的潜能，寻找发展其潜能的有效方法，从而促进学生的人格成长。在师生相互磨合中，教学相长，导师更容易走进学生心灵，师生关系更加融洽。

5.实施"学生成长导师制"是德育工作的重要创新

由于班主任自身也承担教学工作，并没有因为担任班主任而减少教学任务，因而班主任在教育学生、联系家长方面要做到精细化、常态化难度确实很大。为此，在全校范围内实行"学生成长导师制"，可以在一定程度上分担班主任的部分教育工作，或者说可以把教育学生、联系家长的工作做得更好、更细。

三、行动：在实践中不断完善

（一）确立行动目标、内容与研究方法

1.行动目标

充分借鉴国内外导师制实践的经验和成果，构建满足不同学生多样化发展需要，强化学生的人生规划和终身发展素养，构建学业指导与道德指导同步的、一体化的育人新模式。

2.行动内容

一是构建实施"学生成长导师制"具体的操作流程，二是进行"学生成长导师制"实践研究。在这个过程中，制订"学生成长导师制"工作制度，确定班主任与指导教师对学生指导的关系定位，编写"学生成长导师制"相关资料，如《学生成长日志》（以下简称《日志》）、《指导教师工作档案》《指导教师优秀案例》与《优秀成长日志》等。

3.研究方法

（1）个案分析法：对特定案例进行记录与反思，并从中找出有代表性与规律性的操作方式。

（2）行动研究法：根据操作要求设计活动教案，并有选择地加以实施；开展相关导师与学生的资料收集与分析工作，跟踪学生学习情况的变化。

（3）调查法：通过问卷调查，不断反思阶段性研究的得与失，以促进研究顺利有效开展。

(二)第一阶段实践(2011年8月至2012年8月)

1.第一阶段实践的主要做法

2011年秋季开学伊始,我校各年级同步启动了"学生成长导师制",一年以来主要开展了以下几方面工作:

(1)宣传发动,形成共识。2011年6月,学校着手谋划导师制,召开校长办公会和行政会议,首先在领导层面达成共识。为了使该项工作得到全体教师的认可,学校在全校范围内召开了实施导师制动员大会和导师制相关知识培训会,在校园网开辟导师制专栏,上传与导师制相关的理论与实践宣传材料,组织专人编写导师制《日志》,介绍《日志》操作流程,从而大大提高了全体教师对该项工作的认同度。

(2)建章立制,全面启动。2011年9月,学校制订了《马鞍山市二十二中"学生成长导师制"实施方案(草案)》和《马鞍山市二十二中"学生成长导师制"考核制度(讨论稿)》,对导师制开展做了详尽的部署和说明。为了让此项工作有效开展,学校成立导师制工作领导小组和导师制考核领导小组,分别对相关工作进行布置和检查,以确保导师制工作的全面展开。学校分年级召开教师座谈会、学生家长座谈会,并就相关事宜向全体教师征求意见,以期完善导师制。首先,编辑高三年级《日志》,然后吸收高三年级使用建议,在高二、高一年级推进完善已有的《日志》。以《日志》为平台,广泛开展导师制相关工作。

与"学生成长导师制"工作相配套,我们同步编写了各年级《日志》供学生使用。第一版《日志》使用周期为一学年,每个年级对应一本。各年级的《日志》主要包括四部分内容:一是学校制订的学生成长评价实施办法,包括学生成长目标、学生成长评价内容和评价方法、学生成长日志评价时间、学生成长评价作用等;二是学生综合评价,包括学生学科成绩、学科课程学习过程评价成绩、教师和学生家长寄语、拓展型课程学习评价表、研究性学习评价表、学生思想品行操行评价、学生出勤记录表、学生体质健康标准及评价、学生健康状况跟踪记录等;三是学生成长足迹,包括我的自画像、我的格言、我的理想、我所希望的班集体、风采展示、我的诚信档案、社区服务经历、社会实践活动情况、生活教育活动记录、其他对自己成长进步有促进作用的情况记载、荣誉记录等;四是学生成长日志。第四部分学生成长日志以日为单位,要求学生对当日重要事情予以记录或回顾,每天向家长汇报道德习惯、学习习惯和生活习惯,并请家长签字。每个周末,要求家长与导师联系一次并做记录,学生每周做一次成长回顾,每周交《日志》给指导教师批阅,并由指导教师做简短点评。

(3)有序推进,强抓落实。以《日志》为载体,以家校共抓为方式,以教师与学生面对面的交流为契机,革新育人模式,优化育人空间。我们要求每位导师每周批阅《日志》,然后根据每位学生在《日志》中反映的诸多问题进行恰如其分的评述和疏导。《日志》包括学生一周回顾,家长每天对自己孩子学习、思想与习惯进行的评价,教师一周总结性评价。学生通过《日志》每周和自己的导师交流学习、生活与思想等方面的问题,教师通过《日志》了解学生一周的具体情况,从而有效地进行激励性、针对性和亲情化的周评价。

为了使该项工作落到实处,2011年11月,学校就导师制工作中“导师”究竟要做哪些工作进行了再培训,并就交流中出现的师生、教师与家长的不合作、不理解、不通融和相互抵触等问题,专门召开了年级家长会、年级教师交流会和学生培训会。

2012年3月,学校召开“学生成长导师制”工作推进会暨优秀指导教师表彰大会,全体教师共同分享了“学生成长导师制”开展以来的经验与收获。胡学平校长在会上做了题为《构建家校共同体,创新育人新模式》的工作总结,对“学生成长导师制”各阶段工作做了总结和回顾,并对下一步如何扎实有效开展此项工作进行了部署;孙滨副校长宣布了学校关于对20名“优秀指导教师”和20名“优秀指导教师提名”的表彰决定。优秀指导教师代表陶华奖、张虹和姚卫国分别代表高一、高二、高三年级部在大会上做了经验交流。市教育局万亚平局长在推进会上做了重要讲话,他对我校开展的“学生成长导师制”工作给予了充分的肯定。

为营造大德育的育人氛围,引导全体教师关注学生全面成长,教科室于2011年11月在全校范围内开展了以“聚焦导师制”为主题的征文活动。征文内容包括理论探讨、实践反思、教育叙事、经验总结、案例分析等方面,共收集征文稿件87篇。2012年3月,教科室组织评委对征集的稿件进行了认真的评选,共评出一等奖16篇,二等奖25篇,三等奖46篇;语文组、政治组获得“优秀组织奖”。在第五届教科研年会上,对获奖的老师及教研组进行了表彰。

2012年6月,教科室在三个年级部开展优秀指导教师评选工作,通过每学年的评选,总结导师制工作经验,完善工作制度与评价制度,促进导师制工作有效实施。

(4)调查反馈,逐步完善。为了真正了解一线教师开展导师制的情况,学校还专门责成教科室征集导师制工作实施意见。教科室通过调查问卷和深入走访教师两种形式,收集教师反馈信息,并合理吸收教师提出的中肯和有益的建议,逐步完善相关制度和导师制具体操作方法。

2012年1月,教科室发放了1 800份有效问卷,并对542份问卷进行了抽查统计,统计结果如表1所示:

表1 导师制工作实施意见调查表

年级	对导师制的态度	人数	占比(%)	备注
高一	赞成	138	82.63	抽查167份,系12位导师所指导的学生
	反对	10	5.99	
	未发表意见	19	11.38	
高二	赞成	119	70	抽查170份,系14位导师所指导的学生
	反对	21	12.35	
	未发表意见	22	12.94	
	作用不明显	8	4.71	
高三	赞成	205	87.98	抽查233份,系11位导师所指导的学生
	反对	9	3.86	
	未发表意见	12	5.15	
	作用不明显	7	3.01	

从以上统计可以看出,无论是学生还是家长,对导师制认可的程度远远大于我们的预期。从实践来看,师生的反映也是正面的、积极的。以下是两名学生自己的体会。

案例1:(摘录,有删节)几个月下来,我发现每天这样回顾自己一天的学习经过对梳理知识、了解课程具有很大的帮助:知道自己做了什么事,懂得了哪些知识,不会哪些内容,这样就意识到要请教老师、认真听课了;并且让自己的生活变得井井有条,充实合理,不会再整天碌碌无为,到处乱窜。写《学生成长日志》还提高了自己的自觉性、诚实性,不会为了写《学生成长日志》而刻意去做某些事,也不会胡编乱造一些自己根本没做过的事,让每个人都很了解自己一天都干了哪些事,有没有漏掉什么事,有没有坚持做某件事。

另外,每天向家长汇报,也增进了双方的感情。让有矛盾的两人找到共同语言,自己当一次小老师教父母也很有成就感,既完成了任务,也有助于自己理解父母。

案例2:(摘录,有删节)记录成长的点点滴滴对我们养成好的习惯有很大帮助,每个同学都有一本《学生成长日志》,我们应该怎样写呢? 每个人都有自己的方式。我的方式:记录每天所学的重要内容,这样可以回顾所学的新知识,加深理解,使所学知识在脑海中的印象更深刻。由于每天记录的空间有限,知识点太多,还可以提高我们的语言概括能力,一举两得。

把每天发生的有感悟的事记录下来,每天坚持这样做,以后回过头来翻看这些心得体会,不失为人生的一笔宝贵财富。那时候,你也许会感叹,我没有虚度年华,让自己每一天都过得充实,不也很有意义吗?

在《学生成长日志》中写下自己的座右铭,对自己起到鞭策、激励的作用。相信每个人心中都有一个梦,想要实现,从现在开始,过好生命中的一分一秒。有时看书发现有感触、有哲理的地方,也可记录在《学生成长日志》中。

(5)督促考核,确保有效。任何一项制度的有效实施,都离不开强有力的考核制度的保障。为了使导师制工作在全校深入开展,学校开展了优秀指导教师的评选工作。以评选代替检查,革新了传统考核模式,激发了导师的积极性。我校先后于2011年11月、2012年1月与2012年9月对144位导师指导的学生的《日志》进行了检查与评价。评价采取分项打分的形式,由学生及其家长评价、导师自评和领导小组评价三部分组成,教科室对各项打分进行折算与统计,然后根据得分的高低排序,评选出"优秀指导教师"20

名和"优秀指导教师提名"20名。通过评选优秀导师并介绍先进经验,逐步推进导师制,以确保此项工作有效开展。

2.导师制第一阶段试行过程中面临的问题

经过一年的实践,在指导教师与受导学生的努力下,导师制取得了令人满意的效果。但由于我校导师制还处于试行阶段,在试行过程中出现了一些问题,其中以下几方面的问题表现较为突出:

(1)家与校的问题。实施导师制,构建全员育人、全过程育人和全方位育人的理念和体系,需要家长的理解、支持和配合。在实施导师制之前,要通过各种形式的宣传,让家长明白导师制的意义和作用,同时需要具体指导。例如每天如何听取孩子的汇报,如何填写学生成长日志,如何让孩子能够和家长、老师进行有效的沟通,如何与老师联系。在实施之前,应该有一定的前瞻性和预见性,要从家长的视角对家长进行具体的指导。从这段时间的情况看,家长对实施导师制的意义、如何具体指导学生、如何与导师进行有效交流等方面不够明确,导致家长和导师联系的很少,家长和学校、导师的联系方式比较单一,这就需要我们创新沟通和联系方式。

(2)大与小的问题。所谓大与小的问题,是指在导师制实施过程中学生惰性大与导师管理权限小的矛盾。在试行导师制过程中,学生自身存在的最大问题就是惰性大、主动性差。调查显示:学生主动找导师沟通的意识普遍淡薄,生活中、学习上有困难主动找导师的很少;部分学生不太了解导师制,不知道自己和导师在导师制中的关系与作用。

据部分导师反映,其所带班级的学生积极性不高,只有少部分学生乐意积极参与。《日志》经常要导师催促才交,主动和导师交流的很少。填写的《日志》有的敷衍塞责、寥寥数语、点到即止,甚至就是上课流水账或作业记录本。总之,没有学生主体意识的形成,没有学生的积极参与,势必会影响班级导师制的实施效果。与学生相对应的则是处于尴尬境地的导师,他们介于班主任和管理人员之间,其权限范围模糊,没有管理、制约学生惰性的"权力",仅凭个人魅力以及专业素养激发学生的求知欲、主动性是远远不够的。因此,大与小的矛盾阻碍着导师制终极目标的达成。

(3)多与少的问题。导师制的工作重点是因材施教,目的是充分发挥导师对每位学生的感化而不是教化的优势。要把握学生在学校受教育过程中的每一个重要环节,充分利用各种教学场合与教育机会,从学生全面发展的角度,对学生施行全过程的教育与指导。近年来普通高中招生规模迅速扩大,导致各高中师生比严重失衡,学校教师不仅要承担繁重的教学任务,还要从事科研等多项工作,这使得因为师生比失衡而造成的困境更加窘迫。学生人数多、教师工作量大,直接影响了导师制实施的效果。一些调查反映,在实行导师制的过程中,导师与学生的相处时间普遍偏少,导师与学生的交流及对学生的指导过于局限于课堂,受制于教室。学生多、教师少的现状成为学校导师制良性、长效、健康运行的制约因素。

(4)共性与个性的矛盾。对导师制的运行,曾针对部分学生进行询问调查。调查结果显示,导师在教育方面共性引导居多,占92.5%,个性指导较少,只占7.5%,而且共性引导的场所基本是办公室和教室,以开集体会议的形式进行。由于学生与导师的互动频率低,而且是"一对多"的形式,导致导师对学生了解非常有限,学生接受指导的实际效益不高。部分学生反映,个别导师根本或不能全部认识学生,学生与导师之间的关系是陌生的、淡漠的。因此,在对个性鲜明的学生群体进行教育的过程中,我们太多的共性指导在某种程度上泯灭了学生的个性发展。

(5)新与旧的问题。导师制的根本目的是指导和帮助学生培养学习、生活和做人、做事的能力,促进学生的全面发展。在传统的教育理念支配下,尽管已经开始施行导师制,但部分导师在教育观念上仍然沿用传统的"灌输式"教育方法,在指导高中学生的过程中重"传授"轻"启发",重"说教"轻"引导",重"管理"轻"服务"。一些导师不注重培养学生的学习兴趣、实践能力、创新精神和自主意识,教育效果不佳,导致学生学习茫然,缺乏主动性、自觉性和创造性,不利于学生综合素质的提高和全面可持续发展。

(6)明确与模糊的问题。我国各级各类学校学生教育管理的传统模式是班主任负责具体学生管理工作。但是,实施导师制以后,由于没有明确班主任和导师的工作职责,导致两者之间的部分工作界限模糊,不仅导师对自身的工作职责认识不清,而且学生的日常教育和管理工作中开始出现拖沓和扯皮现象,影响了学生教育和管理的效率,不能够有效实现建立导师制的目标。不少学生依然还是有问题找班主任,很少去找导师,导师也就成了仅仅是批改《日志》的人。导师主动约见学生,由于不够了解学生,导致谈话内容空泛笼统,缺乏针对性和有效性。

(7)智力与非智力的问题。我校倡导的导师制是对学生进行思想、学习、生活全面指导的导师制，它赋予了导师兼具班主任、任课教师、心理辅导员及生活顾问等多重角色。实行导师制，是想通过导师的积极参与，充分发挥其自身优势，加强对学生的指导和引导，强调对学生非智力因素的培养，提高学生在为人处世、专业知识、实践技能及职业规划等方面的综合素质和能力。在试行导师制的过程中，很多导师只注重宏观地指导学生的学习，与实行导师制的初衷——全面地指导学生的学业、品行，不忽视学生非智力因素的培养目标相去甚远。偏重对学习上的指导，而对学生的思想、生活和兴趣等非智力因素的关注较少，这种情况在一定程度上违背了我们实行导师制的初衷。

（8）评价与绩效的问题。科学的导师绩效评价体系是导师制有效运转的机制保障，也是充分发挥导师工作积极性的途径。教育的效果相对来说具有一定的滞后性，有些作用不是显性的，如何从学生长远的发展评价当前的工作绩效是一个需要探究的课题。当前，由于缺乏科学的导师制绩效评价体系，导致导师工作积极性不高。由于成绩得不到认可，影响了导师工作的热情。因此，需要建立一套科学规范的评价机制，让踏实肯干、有实效的导师得到认可，同时学校应给予这些老师适当的奖励。

3.关于我校导师制完善策略的一些思考

实施导师制是构建全员育人、全过程育人和全方位育人理念和体系的有效探索，是全面提升学生综合素质的根本需要。针对第一阶段试行导师制存在的一些问题，必须建立导师制健康运行的长效机制。以下四个方面是关于我校建立健全导师制健康运行长效机制的策略的一些思考和做法：

（1）管理层——完善工作机制，加强监督管理，健全奖惩制度。

①建立导师制工作领导小组，健全导师制工作章程。导师制的建立与推行是一个系统性工作，要在教育教学中体现出明显的效果，必须多方面齐抓共管。实施和有效推行导师制，需要领导高度重视，并通过建章立制，增强广大教师和学生对导师制的认同感。为此，要建立《导师制工作章程》，严肃导师工作制度，充分调动导师工作的积极性。同时，要建立导师制工作领导小组，定期分析和研究导师制实施过程中出现的新情况和新问题，坚持以人为本，以培养全面和谐发展的学生为根本目标，并紧密结合我校学生的特点和实际情况，采取及时有效的措施解决出现的问题，最大限度地发挥导师在育人中的作用。

首先,要制订导师制工作制度,明确导师的权利与义务、导师的组织管理等,从制度上规范导师制工作,确保考核评价工作有章可循。其次,建立导师制考核制度,定期准确评价导师的工作绩效,包括检查导师工作计划、工作记录、工作总结及学生指导记录(《日志》)等,监督导师各阶段培养计划的完成。再次,通过定期召开学生座谈会等形式,及时掌握导师职责履行情况及学生的反应,完善导师的约束机制。当然,在制订评价体系的同时,学校也要坚持以人为本的原则,遵循教育的规律,比如教育效果的滞后性,尊重教师的合理诉求,给教师提供独立思考和自主工作的空间,培养导师自我管理意识,充分发挥教师的主观能动性。

②建立健全导师聘任与管理制度,规范导师聘任与管理程序。学校要按照导师所指导学生的人数给予导师相应的岗位津贴,同时要科学地核算导师的工作量,可以以课时的形式计入教师的年度考核。导师指导学生要坚持"一导到底"的原则,即从学生的入学教育到高考后填报志愿的指导等。

在对学生进行教育管理的过程中,导师和班主任要坚持分工负责和协调配合的原则。班主任主要负责班级学生的思想教育、行政管理等行政性事务,包括学生报到注册、班级建设、团支部建设、组织班会、社会实践等相关工作;导师主要负责学生的具体学习、生活和思想指导等。

实施导师制,应成立由交长、书记、各部门主任以及班主任组成的领导小组,全面负责导师制的实施和管理工作。按照学校制订的实施方案,制订导师选派和学生分组的原则。

③建立健全导师考核和奖惩机制,提高导师的工作实效。公平、公正、公开的导师考核和奖惩机制是导师制有效运转的基石,因此应建立公开透明的奖惩体系。在建立导师考核体系时,要重点考虑导师在德、能、勤、绩等方面的表现。量化考核时,要科学确定多元评价主体,实行自我评价、学生评价、导师互评和领导工作小组评价相结合,以保证考核结果的准确性与公正性。考核工作每年组织一次,由学校专门成立的导师制考核工作领导小组负责实施,以保障考核工作的顺利开展。

在考核的基础上,建立导师奖励基金,对年度考核优秀的导师进行奖励。学校每年评选优秀导师,并予以公开表彰。对考核不合格的导师,要深入调查问题产生的原因,通过谈话和培训等方式,不断提高导师的工作水平和能力,并跟踪检查其工作转变情况,切实保障导师制的实际效果。

（2）导师层——提升导师自身素养，明确导师工作职责。

①加强导师自身建设，不断提升导师指导和服务学生的能力。导师制得以良好运转的关键是导师队伍的建设。导师必须具备较高的素质，包括道德情操、业务能力、奉献精神等。作为导师，要有效地育人，自身应努力学习，不断更新知识，提高自身的业务水平、政治素质，在政治思想、道德品质、文明修养、治学态度等方面都要严以律己、为人师表，通过言传身教，培养学生良好的道德品质。导师制的实施，对广大教师来讲，既是一种压力，也是一种动力。因此，推行导师制必须使导师培养教育系统化、制度化，提高导师自身素质，确保导师制能顺利有效的实施。

导师在教书育人的过程中，要体现"教"和"育"，突出"引"和"导"。由于学习基础较差，学习习惯不够好，相当数量的学生对学习不感兴趣，致使学习缺乏动力，没有明确的学习目标，从而产生一些不良现象。针对这些现象，导师要准确把握学生的心态，充分了解学生的情况和特点，从入学第一天起，就要认真抓好学生的教育工作，特别是要通过生动形象的讲解，转变学生学习的不良情绪，使学生充分了解学习的重要性，对学习和个人的发展充满信心，从而培养学生的学习兴趣，提升其学习动力，实现从"要我学"到"我要学"的思想转变。

加强导师自身建设，要重点发展以下几个方面：一是人格魅力方面。导师要具有高尚的人格，靠人格魅力吸引学生。二是创造力方面。导师要具备较强的创造力，积极主持创新项目，通过组织学生参与各类活动，培养学生的创新能力。三是辐射力方面。导师在学生中要有较高的威信，要依靠自身卓越的才能辐射和带动所指导学生在思想、知识和能力等方面的全面发展。四是育人能力方面。导师要具有新形势下学生教育、服务和管理的基本能力，学会了解学生、热爱学生、关心学生和服务学生的基本技巧，切实提升指导学生的工作实效。导师要真诚地对待每一个学生，注意鼓励学生独立思考，注重培养学生发现问题和解决问题的能力。另外，师生之间平等、开放式的交流氛围，容易提高学生的反应能力，养成逻辑思维和富于反思批判的精神，提升人才的培养质量。

②明确导师工作职责，提升导师的工作执行力。导师制有效运行的一个基本前提是导师要具备较强的敬业精神、职业道德以及较高的理论水平和实践能力。导师必须明确对学生的指导任务、阶段目标，并根据不同学生

制订必要的指导方案,使指导工作有计划、有目标、有结果,使学生得到全面发展。

导师的职责具体来说有以下方面:

A.全面关心和帮助学生在德、智、体、美、劳等方面健康发展,重点指导学生的学习,帮助学生树立正确的学习目的和严谨勤奋的学风,掌握科学的学习方法。

B.了解学生的入学基础、学习情况、能力素质及爱好特长等,及时掌握学生学习过程中出现的问题,有针对性地帮助学生克服困难、解决问题。

C.对学生的指导要认真负责,做到有计划、有记录、有总结、有效果。期末会同班主任写评语,指出学生的努力方向,要对学生进行综合评定,并制订进一步指导计划,同时完成导师工作总结。

D.配合班主任做好学生的思想工作,并就学生的评优、奖励、处分等评定提出建议。

E.切实履行职责,每学期开学、期中、期末各进行一次集中指导,并经常对学生进行个别指导。在新生入学阶段,要适当增加辅导次数,使新生尽快适应新的学习、生活环境。

F.因材施教,实施个别辅导。导师对所指导的学生实行全面负责制,关注受导学生校内和校外一切活动。学生在学校期间,每周至少与导师交流一次。导师与受导学生"一对一""面对面"谈话,谈话在办公室、教室或其他便于交流的场所进行。同时,导师与家长保持密切沟通,适时家访或约见家长。

(3)学生层——转变观念,注重良性互动。

①做好向学生宣传和阐释导师制的工作,转变学生观念。在全员育人的大环境下,培养优秀的人才、促进学生全面发展是教育的长期目标,和谐的师生关系、良好的互动交流是双方"共赢"的最佳状态。学生是主体,如何转变学生的观念、充分调动学生在导师制中的主观能动作用,是导师制能否长期有效地实施下去的关键因素之一。因此,在实行导师制前,首先应对学生进行开展导师制工作的解释以及具体指导,使之明确导师制的宗旨、意图,清楚自己在导师制教育中的权利和义务,以便师生在教学中更默契地配合和互动;其次,应加大鼓励师生互动交流的激励力度,鼓励学生积极主动地参与师生互动教学。

学生既要尊重导师,又要做导师的知心朋友。学生要主动多与导师联系,可以就自己在学业和思想、生活上遇到的疑难之事咨询导师,以期得到导师的指导和帮助。学生应以主动、认真的态度,参与导师制的各项活动。尤其在学习、生活中,要踏实、肯干、多思、多问,努力培养和提高自己的知识水平和能力。

②认真抓好学生的思想教育和引导工作,帮助学生树立正确的世界观、人生观和价值观。本校学生大多数是独生子女,心理素质整体水平不高,加上招生因素的影响,学生成绩较名校差距不小,心理上存在自卑感,不能正确对待挫折。心理上的失落感,必然带来学习上的动力不足,不能形成良好的学习习惯,对学习失去信心,部分学生理想信念不高,集体意识、诚信意识、挫折意识和团队精神不强。另外,学生年龄还小,思维水平不高,面对复杂的社会现实,不能透过现象看本质;面对抽象的人生问题,不能用理论来分析现实,没有树立正确的世界观、价值观和人生观。在这样的背景下,以人为本,关注特别需要关爱的学生,研究学生成长的过程,探索学生成长的规律显得尤为重要。因此,导师要注重与学生交流、谈心,深入了解学生的兴趣、爱好和特点,帮助学生树立正确的世界观、人生观和价值观。对于学生在思想、心理等方面存在的问题,导师要深刻剖析问题产生的原因,并通过深入细致的疏导,帮助学生转变心态,塑造健康的心理。

(4)家长层——办好家长学校,形成教育合力。家庭教育在学生的成长中具有特殊的重要作用。家长要对孩子的身心发展和成长起到切实的指导作用,要与学校积极配合,帮助和引导孩子树立正确的价值观和人生观,要以科学的教育方法培养孩子生存、生活和发展的能力,更要以良好的行为习惯与思想道德修养为孩子做好表率。有的家长即使常年在外工作,也不能因此而忽视对孩子思想观念、行为举止的教育,要与班主任和导师多沟通、合作,及时掌握孩子的思想动态和行为习惯,不断督促和强化孩子养成良好的行为习惯。

踏踏实实办好家长学校,建立健全家长委员会制度,这是促进家校合作的有效途径。家长学校应定期开展形式灵活的各项活动,帮助家长理解导师制,学会如何填写《日志》,如何和导师联系,如何用科学的方法教育小孩。帮助家长学习教育规律、掌握科学的教育方法是家长学校的办学目标。同时,学校对家长的意见和建议要及时反馈,对学校发展有益的,要尽力照办,不适合学校发展要求的,要做出解释。只要学校和家庭的教育一致,能够形成有效的合力,那么孩子就能朝理想的发展方向前行。

(三)第二阶段的实践(2012年9月至2015年1月)

1.博采众长,完善提升

为深入有效持续开展导师制工作,2012年4月,学校将此项工作纳入课题研究,以《普通高中实施"学生成长导师制"的实践与探索》为题正式申报省级课题,旨在通过课题研究层面不断深化导师制工作,探索基于我校实际的育人新模式。

2012年5月,市教育局教育科王东山科长、教研室张先义副主任来我校调研"学生成长导师制"工作。王东山科长在行政楼会议室与部分教师座谈,听取了九位老师在实施导师制过程中的收获与体会,以及下一步开展导师制工作的建议;张先义副主任在信息楼二楼会议室与来自高二年级的十余位学生座谈,并发放问卷向学生了解导师制实施中同学们的体会、收获以及相关建议。两位科室负责人就我校开展导师制工作提出了中肯的建议与要求。

2012年11月,《普通高中实施"学生成长导师制"的实践与探索》被正式立项为省级课题。

2012年12月,市委常委、市纪委书记沈天鹰一行走访市第二十二中学。沈书记对二十二中自去年以来取得的成绩表示赞赏,对我校开展的导师制工作给予了充分的肯定。他认为,二十二中办学有四个方面值得肯定:一是对学生责任的理解上,真正做到教书与育人同步;二是在学校安排部署上,做到教育教学与党风廉政建设工作并举;三是在职业态度的定位上,做到创先争优目标与创新精神一体;四是在培养模式的探索上,做到校家携手与师生共进。

2013年1月,省教科院副院长包文敏一行莅临我校指导"学生成长导师制"课题研究工作,省教科院王贤进主任、英语教研员赵杰老师,市教科院梅立新副院长、刘决生老师陪同调研。胡学平校长向省市教科院领导及专家汇报了我校开展"学生成长导师制"以来所取得的经验及面临的挑战,介绍了导师制工作开展的具体做法以及作为省级课题研究的预想。专家组一行查阅了我校自2011年8月以来开展导师制工作汇编的材料,对此项工作给予了肯定,并对下一步的课题研究提出了宝贵的建议。

2013年1月,市教育局副调研员朱家贤来我校调研"学生成长导师制"工作,他首先听取了我校10位教师代表关于开展导师制以来的体会与收获,翻阅了导师制相关材料,并发放了教师调查问卷和学生调查问卷。座谈会在轻松愉快的气氛中进行,教师代表的发言涵盖方方面面,不时有不同观点的碰撞。最后,朱家贤从人文关怀的角度阐述了自己对导师制工作独特而有深度的理解,并就下一步如何深入开展导师制省级课题的研究提出了宝贵的建议。

2013年3月,省级课题《普通高中实施"学生成长导师制"的实践与探索》开题论证会在校信息楼二楼会议室举行。以市教育局徐良副局长为代表的专家组认真听取课题汇报后,分别就课题研究的现实意义、目标与内容定位、课题研究重难点把握,以及研究过程中遇到的困难等问题对课题组进行了具体的指导。专家组充分肯定了该课题研究的价值与意义,希望课题组树立信心,排除干扰,从打造二十二中龙头课题的角度,按时按质完成研究任务。

我校导师制工作得到了各级领导和专家的广泛关注和悉心指导,他们每一次调研提出的建议和具体要求,都为导师制工作进一步完善起到了积极的推动作用。"学生成长导师制"工作作为省级课题列入学校重点工作,标志着我校导师制工作由事务性工作向理论与实践研究工作转变,推动了此项工作逐步走向完善与成熟。

2.深入探索,开拓创新

课题组在总结两年来我校开展导师制工作经验的基础上,收集与归类来自一线指导教师的第一手实践材料,这为深入开展导师制省级课题研究奠定了坚实的基础。为了进一步了解师生开展导师制的实际想法和真实诉求,完善导师制各项制度及工作流程,课题组分别组织开展了2012—2013、2013—2014学年度导师制的"优秀指导教师"评选活动,在评选材料中,注意收集来自学生和指导教师的意见与建议,根据每位指导教师得出的成绩和其他评价得分共评出优秀指导教师42名。

教科室在每期《二十二中教育》开辟"导师制"专栏,开展导师制的理论与实践研讨与交流活动,发表指导教师的论文、感想与随笔,围绕导师制这一话题畅所欲言。2013年暑假,学校组织全体教师开展了"导师个案"的征集工作,共收集"导师个案"100余例。2013年11月,教科室将100余例个案汇编成册并发放给全体教师,引导全体教师积极反思。

2013年11月下旬,为进一步营造尊师重教的良好氛围,充分发挥学生成长导师在教书育人中的主导作用,促进优良校风、学风、班风建设,激发广大导师教书育人、为人师表的责任心和自豪感,政教处开展了"我与我的导师"征文比赛。通知下发后,各班学生积极响应、踊跃报名,通过各班初选,共上交征文近百篇,最后评选出一、二、三等奖共20篇。

以奖励提高学生关注成长的积极性,以评选提高教师的责任感。2012年1月,为鼓励全体家长和学生深入开展此项工作,推进"学生成长导师制"有效实施,经过指导教师推荐,共评选出优秀学生114名,优秀学生家长102名。2013年6月与2014年6月,学校开展了优秀成长日志的评选工作,共有100余位同学的《日志》被评为优秀日志。

3.创新德育方式,开展全员家访

导师制给学校带来了积极的变化,深受学生和家长的好评,《日志》成了家校联系的平台。家访是导师制的必然要求,也是重要补充。为了将全员育人做实做好,学校在充分调研的基础上,于2014年寒假开展了全员集体家访活动。

(1)制订《家访工作计划》和《家访工作流程图》。2014年1月,学校制订了《二十二中2014年寒假集体家访工作计划》,并确定1月25日、26日为集中家访日,全校所有在岗教师及行政领导分成44个家访小组,建立了学校党政领导牵头、班主任组织、科任教师参与的全员家访制度。同时还制订了《家访工作流程图》,分家访前、家访中和家访后三个阶段。家访前,一是联系任课教师,落实参与本班家访人员;二是参考"八必访"制度,研究确定本次家访学生名单;三是与学生家长联系,预约家访时间;四对本组家访教师进行任务分工(记录、拍照、信息反馈等);五是安排车辆、确定家访路线。家访中,首先介绍任课教师,然后向家长反馈学生在校表现,同时了解学生在家情况,最后听取家长对班级管理、学校发展的意见建议。家访后,一方面教师交流家访心得,另一方面对家访工作进行资料整理、总结、反馈等。

(2)确定并预约家访对象。学校初步确定"八必访"家庭:班内父母离异的单亲家庭,生活有特殊困难的学生家庭,病残学生家庭,行为偏差的学生家庭,思想、学业上有重大变化的学生家庭,学习困难的学生家庭,外来务工子女家庭,住宿生家庭等。各组由班主任与任课教师商量后确定家访对象。

表2是高二某班家访小组确定的家访对象。值得一提的是,该班的班主任是刚走上工作岗位的年轻教师,这是其担任教师和班主任的第二年。

表2 家访计划表

家访对象	家访原因	学生家庭住址
学生1	单亲,母亲于其高一时病逝,成绩下降,沉迷小说	略
学生2	父母离异,与外公外婆居住,本次考试班级第一	略
学生3	单亲,父亲早逝,成绩不理想	略
学生4	父母长期不在家,住校生	略
学生5	外来务工人员子女,有进步动力和潜力的学生	略
学生6	家庭困难,学习困难	略

全校四十几个班级都有这样的一张表格。

(3)设计好家访路线,家访中严格执行家访纪律。为提高家访效率,每个小组都事先和家访学生及其家长取得了联系。一天下来,基本上每个组都家访了6户,最多的家访了11户。家访中,教师注重自己的言行举止,为人师表,明礼诚信,言出必行。坚决杜绝家访中的不正之风,不接受学生家长的宴请和赠礼,不托请家长办私事,不发表有损学校和其他教师形象的言论,以此赢得学生和家长的信任。

此次集体家访活动,参加教师164人次,共走访了200多个学生家庭,加强了学校与家庭之间的联系,增进了教师与家长之间的感情,缩短了家校之间的距离,为每一位学生的健康成长搭建了一座家校沟通的桥梁,加深了家长对学校工作的理解和信任,树立了学校教师良好的形象,为学校赢得了良好的社会声誉。

教师家访是二十二中多年来长期坚持的一项工作,也逐渐成为二十二中德育工作的一大特色。

继2014年寒假家访后,在2015年清明前后和暑假,全体教师在校领导的带领下,又两次开展了"走进家庭,关爱学生"集体家访活动。

集体家访改变了班主任单独家访"一对一"的局面,更多老师的参与形成合力,对被家访学生了解得更全面,给予学生的评价更全面,所能给予的帮助也就更多。家访是一座桥,一方面连接着学校和学生家庭,另一方面连接着老师和学生的心。在家访特定的氛围中,师生关系更融洽,原先学生可能想说不敢说,想问不好意思问,此刻可以畅所欲言,心结一旦解开,自信便如涌泉之水。

4.适应师生需求,《日志》不断升级改版,日趋完善

为了进一步推进导师制工作的有效开展,学校每学期都在全校师生中开展一次问卷调查,收集不同意见,完善导师制各项工作。作为导师制工作核心的《日志》是否完善,决定了此项工作的成败。因此,课题组十分重视《日志》的改版,每学年修订一次,使其不断贴近学生,为学生喜闻乐见。以下是课题组从2 000余份调查问卷中摘取的来自教师、学生与家长的反馈意见:

表3 《学生成长日志》反馈意见

对象	反馈意见
教师	1.《日志》的撰写:部分学生的《日志》流于形式,变成流水账;建议要对学生《日志》撰写规范进行辅导,遴选优秀《日志》作为示范。另外,导师的周评撰写也要规范,导师可以相互交流,取长补短 2.《日志》的内容:可以简化项目,周六、周日可以改为一周总结反思,《日志》的形式可以灵活一些,能让学生喜欢 3.高一、高二、高三能否有所侧重,因为高三学业压力大,能否简化形式,以书面交流为主,能否两周汇报一次
学生与家长	1.新增每周家长与老师交流的板块 2.希望学生可以自选导师 3.希望可以增设知识讨论板块,让师生讨论学习中出现的问题 4.希望《日志》在形式上可以做得更细致一些、灵活一些。日志的形式可以分为三个板块:学习收获、课余活动、一天总结

备注:以上意见来自2 000余份调查问卷,问卷详见《导师制优秀指导教师评价表汇编》。

以上只是问卷调查中一部分建议。学校十分重视来自师生与家长的建议,多次召开《日志》编辑委员会专题会议,研究《日志》的改版。在合理吸纳以上建议的基础上,编委会对《日志》进行了四次改版。首先,《日志》的名称有了细微的变化:第一版为《马鞍山市二十二中学生成长日志》,第二版为《马鞍山市二十二中校本教材学生成长日志》,第三版为《未成年人思想道德教育校本必修教材学生成长日志》。名称的变化反映出课题组对导师制工作认识的逐步理性化,是研究深入的收获,也是吸纳方方面面建议的结果。其次,《日志》的内容由繁到简,日趋贴近学生的实际。第一版由四大部分组成:学生成长评价办法、学生综合评价、学生成长足迹、学生成长日志。第四部分分为"每天重要事件记载""向家长汇报道德习惯、学习习惯与生活习惯""一周成长自我回顾""指导教师简短点评"等。第二版简化为两部分:"中华经典诵读篇"和学生成长日志,第二部分分为"历史上的今天""青春励志篇""今天作业或今天计划""心灵驿站""强我体魄""家长评价""家校互动直通车"。第三版有了较大变化,将"中华经典诵读篇""历史上的今天""青春励志篇"(学生自己写的励志语句)放在《日志》篇首,主要部分简化为"今天作业或今天计划或困惑""强我体魄"与"家长评价"三大块,"家校互动直通车"不变。第四版更加简化,将《日志》的主干由每天一记改为每周一记。

四、收获:构建新型育人模式

(一)构建"学生成长导师制"具体操作流程

学生成长导师制基本工作程序图:

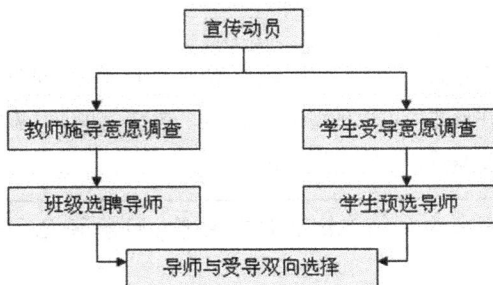

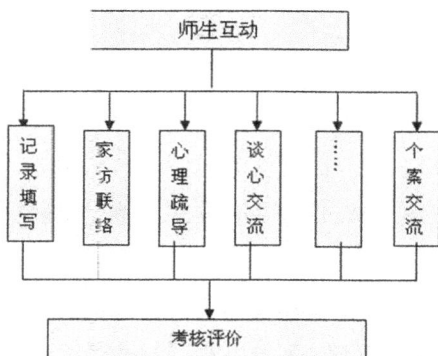

(二)制订并完善"学生成长导师制"各项制度

1.制订《马鞍山市二十二中"学生成长导师制"实施方案》

该实施方案的指导思想是坚持德育首位,德育与智育有机结合的原则,以"实现每个学生最大可能的发展"为宗旨,使教育更趋亲情化、个性化,让每一位学生的品行得以塑造,习惯得以养成,个性得到张扬。倡导教师应最大限度地宽容、理解、善待学生,在充分尊重和信任学生的基础上,因材施教,因势利导,通过课外"一对一""面对面"的指导,使他们学会做人、学会求知,不断促进学生综合素责的全面提高。同时以"学生成长全员导师制"为载体,动员学生家长参与到学校教育教学过程中来,并能及时向学校反馈学生的校外表现和对学生成长的期望,使学校教育得以在家庭、社会中延伸,从而实现社会、学校、家庭互通和谐的三维一体育人局面。

该实施方案的主要目标:一是使师生关系更融洽,注重亲情化、个性化教育,把教师的关爱送到学生的心灵深处;二是善于发现每一个学生的潜能,寻找发展其潜能的有效方法,促进学生的人格成长。

为保证导师制工作的顺利进行,学校成立学生成长导师制领导小组、工作小组及督查组。领导小组组长是校长胡学平和书记袁新,负责导师制的规划和指导;工作小组分年级建立,组长一般是年级组组长,负责导师制各项工作的组织实施;督查组组长是年级分管领导,负责督办导师制各项常规工作的落实情况,并向领导小组通报督查结果。

实施"学生成长导师制"的主要原则:

(1)发展性原则:导师的工作必须以促进学生的可持续发展为指向,在全面了解受导学生的基础上,通过师生共同讨论协商,确定符合学生的发展目标。

（2）个性化原则：导师要高度重视学生的个性差异，善于发现、研究受导学生的情感、智能、兴趣爱好等个性特点，开展个别化教育，促进学生的个性发展。

（3）亲情化原则：建立民主平等的师生关系，尊重学生的人格，真诚关爱受导学生，努力成为受导学生的良师益友。

（4）渐进性原则：导师要根据受导学生的身心发展特点、道德水平和认知基础，循序渐进地进行教育，逐步提高受导学生的道德修养与学习能力。

（5）保密性原则：德育导师在施导过程中，要尊重受导学生的个人隐私，不随意泄露受导学生思想、学习、生活等方面的问题。

为确保"学生成长导师制"工作落到实处，各年级部在启动"学生成长全员导师制"工作前，按照本方案中的"实施步骤表"及"基本工作流程图"制订了详细的实施流程表。

表4 "学生成长全员导师制"实施步骤表

步　　骤	工作内容及要求	时　间	负责人
宣传动员	年级教师大会，落实启动事宜	开学前	
评聘导师	班主任利用班会课（高一利用新生大会）在学生中做好宣传工作，将导师介绍给学生，学生初选自己心目中的导师（一导、二导等）	第2周	
	各班召开班级科任教师会，最终确定受导学生名单（分配给相应导师）		
工作准备	1.督促各科任教师和学生填写学生成长手册 2.掌握全班学生分配情况并跟踪管理	第3周	
开始指导	1.导师根据最终确定的受导学生的人选，向班主任了解受导学生各方面情况 2.导师主动找受导学生逐一谈话，必要时与学生家长沟通了解情况 3.导师填写"导师工作档案"，学生填写《日志》 4.导师制订辅导计划，写入"学生成长档案"	本学期	
	开始依照计划具体实施辅导		
考核评价	考核评价	假期	督查组

2.制订一系列"学生成长导师制"工作制度

（1）建立学生成长和导师工作档案制度。在尊重和保护学生隐私的前提下，为每一位学生建立成长档案，追踪学生成长轨迹。内容包括：学生家庭及社会关系详细情况，学生的个性特征、行为习惯、道德素养、兴趣爱好等方面的情况，学生身心健康状况，学生每月的表现、每次考试成绩的记录，以及分析情况等。导师工作档案主要通过两方面实现：一是定期座谈，导师可定期与指导小组全体成员采取座谈的方式进行全面指导；二是及时沟通，导师发现个别学生出现情绪异常、成绩变化较大等情况时，可采取个别交流的方式与学生沟通。

（2）建立学生成长日志制度。成长日志的设计应体现人性化原则，为学生提供记录空间。建立学生成长日志，以学期为单位记录成长轨迹，家长每日签名，导师每周查阅并提出指导意见。内容包括：每日大事，向家长复述当日学习情况，每周家长与导师交流、联系情况，学期成绩变化情况等。

成长日志是推行导师制的一个重要抓手。设计好成长日志，引导学生、家长、教师用好成长日志，是导师制成功的保证。学生每日向家长汇报的记录内容不宜过大、过全，否则学生不知该反思什么、记录什么。所以，作为导师应当对学生记录的内容进行指导，不应求大、求全，只求学生率性而为，敞开心扉，记录自己成长的轨迹即可，家长与导师再顺势而为进行引导。因为学习习惯、生活习惯的引导恰恰可以从一个想法、一点情绪、一件小事入手。同时，作为学生、家长、教师三者进行沟通的一个重要平台，三者的思想都应在《日志》里有所体现，家长不应该每日仅仅是一个签名，而应当与教师一样发表自己的观点，给学生一点人生建议。

（3）建立家长联络制度。导师应及时对学生本人及其家庭状况进行了解，并对其家庭情况进行简要分析，做出相关判断。美国学者科尔曼在《教育机会均等》一文中提出：学校教育只是影响学生成绩的一个很小的因素，学生的家庭背景等更多地影响了学生的学业成绩。这一方面引起了我们对学校教育的质疑，另一方面也启示我们的学校教育不能走"象牙塔式"的道路，需要加强与家庭、社会的联系，全方面地了解学生的个人情况，并施之个性化的教育。导师制就此做了实践性的探索。导师及时向班主任反馈学生本人及家庭情况，便于班主任开展有的放矢的教育，也为学校开展全员家访提供第一手材料，便于班主任筛选被家访的家庭。

（4）制订《马鞍山市二十二中导师主要职责》。总体来说，导师是学生生活上的长者，学习上的良师，成长中的益友，从思想、学业、生活、心理全方位为学生的成长导航，以个性化、亲情化为核心，追求教育的实效性。这也说明了导师的主要职责，正如蒙田所说，对于要检查别人心灵的人，柏拉图要求他具备三样东西：知识、仁慈、胆量。

具体来说，导师应该做到以下几点：

① 帮助、指导学生形成良好的思想品德和心理素质，关注学生的思想、品德、行为上的细节表现，防范与纠正学生的不良行为；

② 关心学生的学业进步及个性特长发展，合理指导学生的学习；

③ 指导学生合理安排课余生活，引导学生参加积极向上的文化娱乐活动；

④ 及时收集与反馈《日志》，认真填写"导师评价"，及时与学生当面沟通与指导；

⑤ 了解受导学生的家庭情况，掌握受导学生在假日里的表现，与家长达成共识，取得家长的理解与支持，促使家庭与学校协调做好受导学生的教育管理；

⑥ 要经常会同班主任、科任教师等交流个别受导学生教育转化的进展情况，在期末做好工作小结。

（5）建立个案分析制度。学校不定期集中组织导师进行个案分析，个案分析做到有主题、有案例、有剖析，并提出诊断方案，指导个体实践。学校及时汇总典型案例，编辑成册，为全体教师开展指导学生工作提供借鉴。2013年暑假，学校组织全体教师开展了"导师个案"的征集工作，共收集导师个案100余例；2013年11月，《2012—2013学年度学生成长导师制"导师个案"》汇编成册并发放给全体教师，引导全体教师积极反思。教科室在《二十二中教育》开辟"导师个案"专栏，每期筛选有针对性的鲜活个案加以剖析，促使每位导师有的放矢地指导自己所带的学生，避免了指导的盲目性和随意性，从而提高了指导的实效。以下是我校教科室刘爱和主任写的导师个案：

走进学生心灵何其难——一个让指导教师无所适从的学生

一、学生基本情况

范仁（化名），男，高一年级学生，父母为马钢职工。该生性格外向、好动、自制力差,表现为上课安静不下来,无法集中注意力,爱讲话,小动作不断,影响周围同学听课,同学怨声载道。表现欲极强,常常哗众取宠,影响教师组织教学。有早恋倾向,暗恋本班一女生,甚至敢于向女生表露自己的情感,班主任感到很棘手。《日志》总是记一句话:今日无事。

我成为范仁同学导师后,发现该生审美倾向与其他同学不太一样,他常常把自己的头发弄得很乱,衣服穿得也很邋遢。为了找到他的症结所在,我侧面了解了他的家庭情况和毕业的初中学校,发现他的这些表现早在小学就初露端倪,已形成一种痼疾,父母也无可奈何。为了配合班主任工作,我仔细分析了范仁的种种表现,发现该生行为有一个共同的特点:好表现自己。从心理学角度分析,"表现自己"是他以上行为的源动因。上课讲话、哗众取宠、早恋等一般学生都视为违规的行为,却让范仁的"表现自己"有了引发别人注意、吸引他人眼球的可能。因此,该生是一个表现欲极强的孩子。

二、教育过程与施导策略

对于一个表现欲极强的孩子的教育,我们绝不能逆其道,通过强力遏制他,这样会触发他更为强烈的逆反心理。但如果一味纵容他,也会使他表现欲更加强烈,使他跌进不可自拔的深渊。因此,指导该生就需要一个"专家会诊"式的教育过程,操之过急只会适得其反。

满足他表现自己的欲望,但有所控制,让该生的表现欲朝着有利于自己成长和班级和谐的方向发展。我向班主任及授课教师谈了自己的看法,让他在班级有表现自己的空间。地理老师让他担任了课代表,这样他的表现欲就有了展现的平台。课堂上,老师们尽可能让该生回答问题,让他有表现自己的机会。班主任创造条件让他在班会中发表自己的观点,学校开展的活动也让他主动地参加,使他有充分表现自己的机会。

对他实行静心教育。学习不仅需要激情,更需要静心的耐力,而后者更重要。如果一味迎合该生的表现欲,最终也很难促进其健康发展。对于一个表现欲极强的学生,让他很快养成静心的习惯是不切实际的。因此,给他开的静心药方必须是"中医疗法",这样才能治本。

首先,从规范写《日志》做起,让他在《日志》中养成静心的习惯。学会观察生活并及时记录自己的所思所感,这种反思也是一种修身养性,能逐渐培养一个人的定性。我在指导该生写《日志》时,让他尽可能写一写自己的想法,不限定他写什么。开始,他只写了一些日常接触的事,很零碎,也不丰富。我以鼓励的心态表扬了他的每次进步,日子久了,他写的内容慢慢多了起来,由当初的流水账到开始反思班级、社会中的一些现象,我看到了他心态的转变。这是一种令人惊喜的变化,也是该生成长的起点。为了保护他的自觉、自省,我逐渐提出了一些更高的要求。该生《日志》、作业完成及时了。

其次,对他学习进行规范指导。认真听课、按时作业,对于一般学生来说,这是基本的要求,而对于范仁来说,这又是一个高起点要求。为了矫正他上课不专心的毛病,我和班主任商量,让他独自坐一个座位,这样,他就没有了讲话的对象,自然,表现的机会便隔断了。但这也会带来一个弊端,他被边缘化,会对他的自尊心造成伤害。为了避免冷暴力,班主任在他的周围特意安排了一些学习品行良好的女生,净化该生周边的学习环境,让他感到同学的温暖而又不至于过热。这种精心的安排,很快就使该生上课渐渐安静了许多。

按时完成作业这一环节必不可少,因为作业完成的好坏决定了他的学习效果。按时完成作业,需要全体授课教师的关注,指导教师参与其中,及时抽查、督促该生完成作业。一旦发现该生作业拖拉等情况,指导教师就及时指出,"限期完成"这个原则不能放弃。按时作业也是让他静心必不可少的手段之一。

三、家校合作,形成合力

家庭是孩子健康成长的重要组成部分,良好的家庭教育是孩子良好习惯与品行养成的关键,一个孩子养成不良习惯与家庭教育有必然的关系。我从与该生的家长交流中发现,过分的放纵和溺爱是该生表现欲膨胀的直接原因。家长甚至对该生的早恋也趋于认同,这让班主任和指导教师感到很棘手,也很无奈。为了向家长表明我们的担忧,获得理解与帮助,我们列举了许多类似情况的案例,向家长阐述了这种放纵教育的危害性,晓之以理,动之以情。经过反复沟通,终于使家长认识到问题的严重性,他们也积极行动起来,配合我们做好孩子的思想疏通工作。经过一个学期的通力合作,该生终于能静下心来,好表现的个性也正常起来。

通过和范仁同学一学期的接触,我深切感到,要改变一个人,特别是学习习惯、品行不端正的学生,真是一项艰苦而长远的工程。作为一名教育工作者、人类灵魂的工程师,要做到名副其实,必须要具备"四心":爱心、耐心、真心与细心。

爱心是指导教师能积极开展此项工作的前提和动力。因为对于一个学困生,他的种种表现会让你很烦很闹心,如果没有爱心,你不会真正付出情感,也就无从获得学生对你的感情,没有感情的教育必然是不成功的教育。

具备了爱心,只是此项工程的基础,要想扭转一个学困生,足够的耐心是关键。学困生在步入正轨前,往往有许多反复,他们会在某个时候又回到起点。此时,你看到自己付出的诸多心血付诸东流,会感到十分失败,如果没有耐心,就会前功尽弃。耐心会使你朝前看,会使你坚信你的教育对象一定会改变自己,你就会朝着自己的方向艰辛地走下去。

真心是支撑你教育信念的根基。我们只有抛开任何世俗的偏见,把自己的教育对象当成自己的孩子,你就会达到忘我的境界,你就会为教育对象的每一次改变产生一种成就感。有人说,教育是农业生产,它相对于工业而言,更需要我们具备百倍的使命感,需要每一个教育者潜下心来,抛开功利性,做好长期战斗的准备,甚至还有来自社会、家庭和学生家长的误解。

有了前面所述的"三心",就具备了改变一个孩子的基本条件,但要想走向成功,细心必不可少。我们面对的教育对象大部分是青春期的独生子,他们形成的习惯与品行是长期的结果,而且变化多端,任何一次挫折都会使他们反复。如果我们少了细心,就不会察觉他们的细微变化。因此,我们要像农民看护田里的禾苗一样,时时刻刻关注他们的变化,并根据他们的变化调整教育策略,这样才能做到对症下药,才会有疗效。

总之,作为一名优秀的导师,只有具备"四心",方可改变你的教育对象。

(6)建立健全德育导师考核和奖惩制度。"学生成长导师制"工作督查组通过定期或不定期检查每位导师的工作情况记录、学生成长档案、学生成长日志,向班主任、受导学生、家长了解情况等手段,检查工作实效,每学期对导师工作情况进行考核,并上报领导小组。考核包括:工作实效(主要是指学生的受导结果,如成绩、品德表现等)、受导学生评分、家长评分、领导小组评分。考核结果评定为优秀、合格、不合格三个等次。学校根据对导师的考核等级进行奖惩,并记入教师业务档案。每学期考核优秀的导师予以精神鼓励和相应的物质奖励,每学年设立"优秀导师"奖10名,给予表彰奖励。导师的考核成绩作为年度评先、评优、评职的重要条件。凡不参加导师工作,或被评为不合格者,不享有校年度评先、评优、评职资格。

(三)构建"双线并进、家校联动"的德育工作机制

我们结合校情与学生家庭实际,采用"双线并进、家校联动"的方式,创新我校德育工作。一方面,通过学生成长日志这一平台,记录学生每天的思想变化,导师在批阅《日志》时,及时发现学生的所思所想,并及时向班主任反馈每位学生的思想、行为等情况,让班主任做学生思想工作时,能做到心中有底、有的放矢,从而取得实效。另一方面,政教处每学期收集来自每位班主任反馈的学生情况,确定"八必访"家庭,通过全员家访、家校联动的方式,踏踏实实做好学生的思想教育工作,使教书育人真正落到实处。

导师制给学校带来了积极的变化,深受学生和家长的好评。《日志》成为家校联系的平台,而家访又是导师制走向深入的必然要求和重要补充。如果指导教师在学生日志中发现需要及时与家长沟通、了解学生家庭情况,以及需要家长配合等情况时,集体家访就显得尤为重要。

全员集体家访得到了上级领导和社会各界的充分肯定。《德育报》在头版醒目位置介绍了我校开展全员家访的举措,政教处梁晓星主任作为全市教育系统巡讲团成员介绍我校全员集体家访开展的情况及取得的成效,受

到社会各界的好评。

(四)开发富有本校特色的未成年人思想道德教育校本教材

在合理吸纳全体教师与学生建议的基础上,结合来自上级领导和社会各界提出的宝贵意见,编委会对《日志》进行了四次改版,去繁就简,不断完善,新改版的成长日志更加贴近学生实际。第四版《日志》主要部分简化为"一周的计划或困惑""强我体魄""家长评价"与"家校互动直通车"四大板块,《日志》的篇尾增加"高考成果展示篇"和"期末成绩通报篇",对每年我校取得的高考成绩和典型的优秀案例进行通报,对本年级取得好成绩的前200名同学和学习进步的同学通报表扬。

《日志》以励志为导向,采取灵活多样的方式对学生进行潜移默化的熏陶,使我校的未成年人思想教育工作真正做到常抓不懈、有本可依、有章可循。

(五)采用首席导师制,明确班主任与指导教师的关系定位

我们知道,班级授课制下班主任作为班级管理的核心,承担着教育全班学生、及时联系家长的重任,是学校实施教育教学工作的得力助手。在教育学中,班主任被人称为"班级导师"。教育教学的实践证明,有一个好的班主任就有一个好的班级。在当今独生子女占主体的社会,一个孩子是一家几代人的共同希望,所以班主任工作责任重大。

我们看到,实际工作中由于班主任自身也承担教学工作,并没有因为担任班主任而减少教学任务,因而班主任在教育学生、联系家长方面要做到精细化、常态化难度确实很大。在这个背景下,我们在全校范围内实行"学生成长导师制",可以在一定程度上分担班主任的部分教育工作,或者说可以把教育学生、联系家长的工作做得更好、更细。三年来的实践证明,绝大多数学生和家长是欢迎这个制度的。在导师制这个平台下,任课教师参与育人,师生间的距离拉近了,普通任课教师的责任意识、育人意识增强了,学生思想问题及时与"导师"沟通,解决起来也更加快捷了。

为了厘清班主任和授课教师在导师制背景下各自担负的职责,课题组根据学生和班级管理的实际需要,确立了班主任为学生的首席导师,其余授课教师为学生的第二导师,建立指导教师与班主任周沟通交流制度,为班主

任有效开展全班管理工作提供了有益帮助。

对于导师这一角色，我校丁飞老师通过深入思考有比较精准的定位，他认为导师应是"三栖型"的教育工作者。以下是他的心得体会：

在学校中，学生内心有困惑，同学之间有矛盾，师生之间有误会，都是引发消极、自卑、懒散或不安定因素的源泉。于是，侧重于"心灵对话"的灵魂工程师——导师应运而生。

导师与学生之间可以通过成长日志、随笔、书信或直接对话等方式相互交流。通过多渠道的对话交流，真情在师生心灵间流淌，教育在"润物细无声"中进行。

导师与学生家长之间的交流畅通了，对学生的学习与生活状况更熟悉了，点拨指导时就能做到有的放矢。

导师制的施行，拓宽了全员育人的渠道，有利于实施"一对一"心理个别辅导，对学生的心理健康大有裨益。

导师应当有宽广的胸怀，应当有远见卓识，应当有进取与探索意识，导师应是"三栖型"的教育工作者。

一、导师是"指导学生"的教育工作者

值得学生信任、工作认真负责、善于与学生打成一片的心灵导师会成为学生的知心朋友。心灵导师要耐心倾听同学们的心声，真诚地接纳同学们的情绪感受，像朋友般平等地和同学们一起面对问题，分享生活，畅谈人生，帮助学生应对生活中遇到的各种问题和困惑。导师型的教育者，不仅仅是文化的传递者，也应当是学生心灵的塑造者，是学生心理健康的维护者。

心灵导师与受导学生是亲情化的关系。人与人之间越有亲切感，心理距离就越贴近，心理就越相容。如果导师平常和蔼可亲、平易近人，让学生感到导师既是严师又是挚友，彼此没有心理隔阂、亲密无间，就可以在一种非常和谐、愉快、充满信任的氛围中得到教育和指导，其效果远比在一种消极、对立的情绪中说教好得多。心灵导师对学生应是发自内心的尊重、信任和关怀，不失时机地消除他们心灵上的障碍，打开他们心灵的窗口。

生命的核心在于单纯的信念，信念可以作为我们一生动力的来源。恰当的引导、鼓励,真切的关怀,启迪学生感悟世界与人生那一份纯净的美,让学生的心灵走向真、善、美,让学生认知世界、认知自我、憧憬未来,鼓起勇气去迎接挑战,让单纯的信念转化为生命的力量,这将真正体现心灵导师的巨大价值。给予学生精神方面的滋养,是最具深度的教育方法,也是一种与自然融合,具创造力的生活教导方式。培养有精神信念的学生,能够开启智慧、增强领悟力,更能葆有热情纯真的心,重视自己的生命价值,充分发挥创造力与潜能,避免对人生感到无意义和恐惧。学生在导师用心培养与带领下,能够充满爱与信心地茁壮成长。

苏霍姆林斯基说过,当学生走来对你说悄悄话时,你的教育就成功了。心灵导师就该走进学生、了解学生,遇到问题学会从学生的角度看一看、想一想,多一分宽容、少一分训斥。换位思考,能够保护师生之间的融洽情感。心灵导师用爱心、真心、耐心主动与学生交流,关心、尊重学生,细致地指导学生,能使自己成为学生尊敬爱戴的人,使更多的学生“亲其师,信其道”。

二、导师是“指导家长”的教育工作者

导师在指导学生的同时,要与家长沟通,让家长对孩子的教育与学校对学生的教育合拍。导师也是“指导家长”的教育工作者。

人们常说,父母是孩子的第一任老师。孩子的健康成长与家庭教育密不可分,那血浓于水的亲情在教育上所起的作用是不可估量的。教师的工作有其特殊性和局限性,有时候可能老师千百次苦口婆心的教育还不及父亲的一次大声斥责或母亲的一次含泪劝说。因此,导师应当重视与家长及时沟通。学校教育和家庭的亲情教育水乳交融地结合在一起时,良好的效果便能显现出来。

有一位老师曾经说过:“孩子是一部书,从童年到少年,从少年到青年,父母都在一页页往后翻,但要真正读懂并不容易。”进幼儿园、小学,升初中、高中、大学,孩子的“升学五部曲”,一次次的磨砺为孩子铺上了通往成功的基石。在这个链条上,家长最恰当的角色是什么呢?

人的一生有几次重大的转折期,也是重要的衔接期,对孩子来说,这些转折都是非常痛苦而艰难的,但这却是孩子走向独立必不可少的过程。如何激励孩子通过衔接期的准备,激发其在学习上的积极性?心理学家告诉我们,父母不应该只充当"望子成龙"的传统家长角色,而应该成为孩子成长过程中的导师和顾问。

家庭教育其实不仅是对孩子的教育,还是对家长的教育,是全家人与孩子共同成长的过程。为孩子的心理衔接融入一些快乐的生活体验,给孩子一个为兴趣和梦想而快乐表演的童年、青少年,让孩子成为一个"走出家门能快乐生活、走出校门能创新工作、走向社会能和谐相处"的普通人。每个孩子都有其个性特长和潜能,只要家长做个有心人,孩子就可能活出最好的自己。

如果父母处处以一个长者的身份教导着孩子的一言一行,很少真正去体会孩子的感受,这样,当孩子渐渐长大,父母和孩子就会越走越远,代沟也随之产生,从而难以把有益的思想和经验传递给孩子,很可能导致教育失败。但如果父母从一开始就能做到和孩子一起成长,用孩子的眼光看待孩子,时刻保持一颗童心,那么,随着孩子的成长,父母会发现,在孩子慢慢读懂这个世界的同时,自己也就慢慢读懂了孩子这本书,走进了孩子的心灵世界。

三、导师是"指导自己"的教育工作者

在教学过程中,教师作为学生的"心灵导师",是学生健康成长过程中的引路人。因此,导师的工作要求全身心的投入,走进学生心灵深处。对于"问题学生",导师可能要"额外"付出更多。面对那一双双渴求的目光,一张张专注的面孔,导师的工作就是一种无比圣洁的境界。在每一个学生面前,导师就是一面镜子、一盏明灯,导师要给这些寻梦的孩子引路,在他们心里写一本最美的书。所以说,导师也是"指导自己"的教育工作者。

导师应当常常充满笑意地看着学生,和他们畅谈学习、人生。导师应当面向全体学生,不能有一丝一毫的偏爱情绪和不公正对待学生的倾向。导师的许多言行,很可能会改变一个学生的一生。导师应当用真诚去拥抱每一个学生,这样就会对学生少一分埋怨、多一分宽容,少一份苛求、多一分理解,少一分指责、多一分尊重。

导师应当具有主动精神,善于创造性地工作,善于提高自己,要自强不息,遇到任何障碍都不断寻找新的出路。导师应当留心观察学生一举一动中透露出的异样变化,智慧地思考转化孩子的有效办法。导师要乐观、阳光,易被孩子接近,这种乐观精神意味着要有宽容的精神、赏识的意识和激情的生活。宽容精神是一种"人不知而不愠"的修养,赏识意识是对他人表达真诚的认可和尊重,激情的生活则指的是一个人的精神状态。

导师要善于挖掘课程资源,拨动学生的心弦。苏联教育家赞可夫说:"教学一旦触及学生的情感和意志领域,触及学生的精神需要,便能发挥其高度有效的作用。"例如,语文教学在对学生进行积极的情感教育方面有着得天独厚的条件,语文教师要选择课本中的名家名篇,让学生品味其语言的美,领悟其意蕴,使学生在鉴赏中身临其境,受到感染,拨动情感之弦,获得积极的情感体验。

在指导学生的过程中,愿"导师"与学生、家长共成长,愿教育的园地生机勃勃,万紫千红。

(六)汇编"学生成长导师制"各项资料,为继续有效开展此项工作提供保障

三年半以来,学校共编辑成册《学生成长导师制指导教师评价表》49本、《学生成长导师制材料汇编》2本、《学生成长导师制指导教师反馈表》1本、《学生成长导师制教师论文集》1本、《导师案例》1本、《导师新语录》1本、《二十二中教育》(导师制专辑)1本、《二十二中家访材料汇编》3本。这些来自一线的第一手材料,具体丰富,鲜活生动,为我校下一步开展此项工作积累了经验,为此项工作逐步走向常态化奠定了基础。

(七)关注学生终身成长,落实素质教育理念,促进师生、家校的沟通,使教育逐渐走向精细化

《日志》以先进的理念、多维的视角及科学的评价方式,关注学生的学习过程,注重学生在学习过程中的情感、态度、价值观的培养,注重发现和发展学生多方面特质与潜能,动态及时地帮助学生认识自我、建立自信,在教育教学实践中发挥了激励、改进等教育功能,大大促进了学生自我认知的发展。

学生与家长、学生与老师、老师与家长三方面的沟通与交流,是学生成长必不可少的环节。从《日志》的字里行间,家长对孩子目前阶段的学习状态、老师对孩子的要求和希望、学校教育教学工作情况都能有所了解。

《日志》使导师制有了一个明确的载体,是管理走向精细化的主渠道之一。细节决定成败,《日志》抓住了学生学习过程中的细节,又强化了每一个细节的过程管理,在其运作和使用过程中,引领着我校教育教学工作的主导方向。

《日志》不仅仅是评价、反思,更多的是师生心与心的碰撞、思想与思想的对白、灵魂与灵魂的沟通,是家长与孩子的殷殷细语、爱的倾诉,是家长与老师的相互支撑、相互搀扶,《日志》蕴含着丰富的人文内涵。

五、反思:明天会做得更好

反思一:从单个导师到成立导师团队

从2011年8月导师制启动,到2015年2月已有七个学期的实践,这个时期的指导教师,有时是班主任指定的,有时是学生自由选择的,从实践来看,都有不足。从2015年3月起,我们为每班配备三到四名本班教师组成导师团队,班主任是这个团队的组长。这样有利于形成合力,共同研究、共同面对出现的问题。全校每个教师只在一个团队,这样可以集中精力关注一个班集体。

反思二:从《学生成长日志》到《学生成长记录》

2014年9月起,我们把《学生成长日志》改为《学生成长记录》,由每天记录改为每周记录一次。这样更符合学生实际,也更为有效。

2015年9月起,《学生成长记录》由每学期一册改为每学年一册。整合并保留经典诵读、历史上的今天、社会主义核心价值观教育与中国梦教育等内容,同时把综合素质评价、当前时政热点、校情校史教育等纳入其中,把《学生成长记录》打造成我校又一个精品校本教材。

反思三:导师团队与集体家访团队高度一致

导师制工作和集体家访工作的目标是一致的,都是为了学生更好的成长。前者更多是校内的日常工作,后者则是集中走进学生家庭,与家长互动。家长是教育的同盟军,不是旁观者,导师制工作也需要家长的协助。从集体家访中,我们可以找到平时教育中存在的问题,从而更好地做好导师制工作。

六、结语:最好的愿景

导师制被证明是一种能有效提高教育质量和学生综合素质的教育方法,但由于条件的制约,目前还没有推广和普及,实施这种教育方法尚无固定、成熟的做法。我校试行导师制时间还短,我们只有从学校的实际情况出发,不断研究新情况、解决新问题,继续将学生的积极性和导师的正确指导有机地结合起来,才能让导师制在人才培养中发挥应有的作用。

参考文献:

[1] 张艳萍,张静. 中学设置导师制的实践与探索[J]. 上海教育科研,2003(9).

[2] 陈红. 高中"导师制"工作的实施策略[J]. 现代中小学教育,2006(4).

[3] 李文. 多元智力理论与导师制活动——关于转化后进生的思考[J]. 教学与管理,2003(4).

关注学生终身成长，办人民满意学校
——安徽省马鞍山市第二十二中学开展"学生成长导师制"工作纪实

刘爱和

为深入贯彻落实科学发展观，努力办人民满意的教育，基于学校生源现状，马鞍山市二十二中于2011年8月在全校各年级先后启动了"学生成长导师制"。通过三年来的实践与探索，取得了可喜的成效，以"学生成长导师制"研究与实践为抓手，凝聚学校领导班子与全体教职工的智慧与心血，群策群力，扎实工作，潜心研究，构建了家校联动的德育模式。通过《学生成长日志》（以下简称《日志》）这一平台因材施教，真正实现"想为百姓，做为百姓"的教育宗旨。

一、建章立制抓落实，宣传发动求共识

2011年9月，学校制订了《马鞍山市二十二中"学生成长导师制"实施方案（草案）》和《马鞍山市二十二中"学生成长导师制"考核制度（讨论稿）》，对导师制的开展做了详尽的部署和说明。学校成立导师制工作领导小组和指导教师考核与评价领导小组，以确保导师制工作的全面展开。学校分年级召开教师座谈会、学生家长座谈会，广泛征求意见，逐步取得各方认同。与

2012年3月，市教育局局长万亚平在推进会上做重要讲话

"学生成长导师制"工作相配套，学校同步编写了各年级《日志》供学生使用。第一版的《日志》使用周期为一学年，每个年级对应一本。各年级的《日志》主要包括四部分内容：一是学校制订的学生成长评价实施办法，二是学生综合评价，三是学生成长足迹，四是学生成长日志。第四部分学生日志以日

为单位,要求学生对当日重要
事情记录或回顾,每天向家长
汇报道德习惯、学习习惯和
生活习惯,并请家长签字。
每个周末,要求家长与导师
联系一次并做记录,学生每
周做一次成长回顾,每周将
《日志》交给指导教师批阅并
由指导教师做简短点评。

受表彰的优秀指导教师

2012年3月,学校召开
"学生成长导师制"工作推进会,胡学平校长做了题为《构建家校共同体,创新育人新模式》的工作总结,孙滨副校长宣布了学校关于对20名"优秀指导教师"和20名"优秀指导教师提名"的表彰决定。三位优秀指导教师分别代表三个年级部在会上做了经验交流。最后,市教育局万亚平局长在推进会上做了重要讲话,并对我校开展的"学生成长导师制"工作给予了充分的肯定。

二、博采众长求完善,表彰考核促发展

二十二中开展的导师制工作,自始至终都得到了上级领导和社会各界的大力支持。2012年5月,市教育局教育科王东山科长、教研室张先义副主任来我校调研"学生成长导师制"工作,并就我校开展导师制工作提出了中肯的建议与要求。2012年12月,市委常委、市纪委书记沈天鹰一行走访二十二中,并对我校开展的导师制工作给予了充分的肯定。他认为,二十二中办学有四个方面值得肯定:一是对学生责任理解上,真正做到教书与育人同步;二是在学校安排部署上,做到教育教学与党风廉政建设工作并举;三是在职业态度的定位上,做到创先争优目标与创新精神一体;四是在培养模式的探索上,做到家校携手与师生共进。2013年1月,市教育局朱家贤副调研员来我校调研"学生成长导师制"工作,朱家贤首先听取了我校10位教师代表关于开展导师制以来的体会与收获,从人文关怀的角度阐述了自己对导师制工作独特而有深度的理解,并就下一步如何深入开展导师制工作提出了宝贵的建议。

任何一项制度的有效实施,都离不开强有力的考核制度的保障。为了

2012年5月，市教育局相关科室负责人
来我校调研导师制工作

使导师制工作在全校深入开展，学校开展了优秀指导教师的评选。以评选代替检查，革新了传统考核模式，激发了导师的积极性。我校先后于2011年11月、2012年1月、2012年9月、2013年9月与2014年9月对全体导师指导的学生的《日志》进行了检查与评价。评价采取分项打分的形式，由学生及其家长评价、导师自评和领导小组评价三部分组成。教科室对各项打分进行折算与统计，然后根据得分的高低排序，评选出优秀导师42名。通过评选优秀导师并介绍先进经验，逐步推进导师制，以确保此项工作有效开展。

2012年12月，市委常委、市纪委书记
沈天鹰一行走访市二十二中

2013年1月，市教育局副调研员朱家贤
来我校调研

三、创新探索成效显，家校互动暖人心

为深入有效持续开展导师制工作，2012年4月，《普通高中实施"学生成长导师制"的实践与探索》申报省级课题。2012年11月，该课题被正式立项为省级课题。2013年1月，省教科院副院长包文敏一行莅临我校指导"学生成长导师制"课题研究工作。2013年3月，省级课题《普通高中实施"学生成长导师制"的实践与探索》举行开题论证会，专家组对课题研究做了具体的指导，并希望课题组树立信心，排除干扰，从打造二十二中龙头课题的角度，

按时按质完成研究任务。2014年12月,该课题顺利结题,由省教科院张守祥副院长、市教育局徐良副局长、市教科院梅立新副院长与刘兴生老师组成的鉴定专家组在听取课题汇报与查看相关资料后,一致认为课题研究紧密联系学校实际,在目前复杂与艰难的教育环境中,以"学生成长导师制"研究与实践为抓手,群策群力,扎实工作,潜心研究,构建家校联动的德育模式;以社会主义核心价值观为核心,结合中华传统文化,通过全员家访夯实"立德树人"教育宗旨;通过学生成长日志这一平台因材施教,真正践行"想为百姓,做为百姓"的教育理念,从而实现办人民满意学校的

2013年1月,省教科院副院长包文敏一行莅临我校指导导师制课题研究

2014年12月,省教科院副院长张守祥参加结题鉴定会

教育宗旨,此种敢为人先的精神值得肯定与表扬。导师制工作作为省级课题被列入学校重点工作,由事务性工作向理论与实践研究工作转变,标志着此项工作逐步走向完善与成熟。

构建"双线并进、家校联动"德育工作机制,创新了育人模式,拓宽了育人空间。结合学校实际与学生家庭实际,学校采用"双线并进、家校联动"的方式,创新二十二中德育工作。2014年1月,学校制订了《二十二中2014年寒假集体家访工作计划》,并确定1月25日、26日为集中家访日,将全校所有在岗教师及行政领导分成44个家访小组,建立了学校党政领导牵头、班主任组织、科任教师参与的全员家访制度。此次集体家访活动,参加教师164人次,共走访了200多个学生家庭,加强了学校与家庭之间的联系,增进

了教师与家长之间的感情,缩短了家校之间的距离,加深了家长对学校工作的理解和信任,树立了学校、教师良好的形象,为学校赢得了良好的社会声誉。继2014年寒假家访后,2015年清明节前后和暑假期间,全体教师在校领导的带领下又两次开展了"走进家庭、关爱学生"集体家访活动。

集体家访改变了班主任单独家访"一对一"的局面,更多老师的参与形成了教育合力。全员集体家访得到了上级领导和社会各界的充分肯定,《德育报》在头版醒目位置介绍了我校开展全员家访的举措。

二十二中根据本校高中生源质量与其他省示范高中比较相对较差的办学实际,倡导全校教师全员育人,全面实施"学生成长导师制",加强对全体高中学生的德育和学业的全方位指导,这是创新学校办学特色的重要举措。通过三年来的实践与探索,构建了实施"学生成长导师制"具体操作流程,制订并完善了"学生成长导师制"的各项制度,开发了多个版本的高中学生成长日志手册,构建了"双线并进、家校联动"德育工作机制,创新了育人模式,拓宽了育人空间。

"关注学生终身成长,落实素质教育理念,促进师生、家校的沟通,使教育走向精细化",这既是二十二中全体同仁的追求,也是二十二中履行办人民满意教育的庄严承诺。

第二章 探索之思

我对"学生成长导师制"工作的初步认识

胡学平

2011年秋季开学伊始,我校各年级同步启动了"学生成长导师制",每一位任课教师担任自己任教班级12名或更多学生的指导教师(我们称之为"导师"),对学生的道德习惯、学习习惯和生活习惯进行全过程、全方位指导,并且每周与学生家长保持联系,共同教育学生。我们还要求学生每天把自己的经历和反思写在《学生成长日志》上,每周给导师批阅一次,导师每周与受导学生做一次交流,给学生提供一些帮助。我作为这项工作的发起者,也参与了这项工作。一学期下来,对导师制工作有了更多的体会和认识,对《学生成长日志》也有了一些新的想法。

一、"学生成长导师制"是德育工作的重要创新

班级授课制下班主任作为班级管理的核心,承担着教育全班学生、及时联系家长的重任,是学校实施教育教学工作的得力助手。在教育学中,班主任被人称之为"班级导师"。教育教学的实践证明,有一个好的班主任就有一个好的班级。在当今独生子女占主体的社会,一个孩子是一家几代人的共同希望,所以班主任工作责任重大。

实际工作中,由于班主任自身也承担教学工作,并没有因为担任班主任而减少教学任务,因而班主任在教育学生、联系家长方面要做到精细化、常态化难度确实很大。在这个背景下,我们在全校范围内实行"学生成长导师制",可以在一定程度上分担班主任的部分教育工作,或者说可以把教育学生、联系家长的工作做得更好、更细。一个学期以来的实践证明,绝大多数学生和家长是欢迎这个制度的。在导师制这个平台下,任课教师参与育人,

师生间的距离拉近了,普通任课教师的责任意识、育人意识增强了,学生思想问题及时与导师沟通,解决起来也更加快捷了。

在班主任的安排下,我指导了来自两个班级的13名学生。每周我与这些学生集体谈话或个别交谈一次,每周批阅他们的《学生成长日志》并给予指导。近五个月来,我与学生和家长的短信联系有上千条,还走访了五个家庭,经常与家长电话交流或在学校接待家长来访。通过实践,我体会到:

1.实施"学生成长导师制"是教育发展的必然要求

"学生成长导师制"是深入贯彻落实科学发展观,努力办人民满意的教育的需要;是为了真正落实"全员育人、全程育人、全方位育人"的教育理念,实现教师人人是导师、学生个个受关爱的良好局面的需要;是为了打造一支"敬岗、爱生、团结、高效"的教师团队的需要;是为了培养一批具有良好的心理品格和强烈的社会责任感,具有终身学习能力、合作交流能力和创新精神的国家建设人才的需要。

2.实施"学生成长导师制"是落实新课程理念的需要

"学生成长导师制"以"实现每个学生最大可能的发展"为宗旨,使教育更趋亲情化、个性化,让每一位学生的品行得以塑造、习惯得以养成、个性得到张扬。倡导教师最大限度地宽容、理解、善待学生,在充分尊重和信任学生的基础上,因材施教,因势利导,通过课外"一对一""面对面"的指导,使他们学会做人、学会求知,不断促进学生综合素质的全面提高。

3.在导师制这个平台下,师生关系更加融洽

导师工作做得好,就更容易发现每一个学生的潜能,寻找发展其潜能的有效方法,从而促进学生人格的养成。在师生相互磨合中,教学相长,导师更容易走进学生的心灵,师生关系更加融洽。

4.实施"学生成长导师制"是教育走向精细化的需要

导师必须以促进学生的可持续发展为指向,在全面了解受导学生的基础上,通过师生共同讨论协商,确定符合学生的发展目标;导师要高度重视学生的个性差异,善于发现、研究受导学生的情感、智能、兴趣爱好等个性特点,开展个别化教育,促进学生的个性发展;导师要尊重学生的人格,真诚关爱受导学生,努力成为受导学生的良师益友;导师要根据受导学生的身心发展特点、道德水平和认知基础,循序渐进地进行教育,逐步提高受导学生的道德修养与学习能力;导师在施导过程中,要尊重受导学生的个人隐私,不随意泄露受导学生的思想、学习、生活等方面的问题。

二、《学生成长日志》是记录学生成长的重要载体

与"学生成长导师制"工作相配套,我们同步编写了各年级《学生成长日志》供学生使用。第一版《学生成长日志》使用周期为一学年,每个年级对应一本。各年级的《学生成长日志》主要包括四部分内容:一是学校制订的学生成长评价实施办法,包括学生成长目标、学生成长评价内容和评价方法、学生成长日志评价时间、学生成长评价作用等;二是学生综合评价,包括学生学科成绩、学科课程学习过程评价成绩、教师和学生家长寄语、拓展型课程学习评价表、研究性学习评价表、学生思想品行操行评价、学生出勤记录表、学生体质健康标准及评介、学生健康状况跟踪记录等;三是学生成长足迹,含我的自画像、我的格言、我的理想、我所希望的班集体、风采展示、我的诚信档案、社区服务经历、社会实践活动情况、生活教育活动记录、其他对自己成长进步起促进作用的情况记载、荣誉记录等;四是学生成长日志。第四部分学生成长日志以日为单位,要求学生对当日重要事情进行记录或回顾,每天向家长汇报道德习惯、学习习惯和生活习惯,并请家长签字。每个周末,要求家长与导师联系一次并做记录,学生每周做一次成长回顾,每周交《学生成长日志》给指导教师批阅,并由指导教师做简短点评。

近五个月来,全校144名任课教师参与了导师制工作,2 000多名学生的《日志》每周由指导教师批阅一次。从实践来看,师生的反映是正面的、积极的。

《学生成长日志》有以下几个方面的意义:

(1)落实了新课程理念,关注学生成长过程。《学生成长日志》以其先进的理念、多维的视角及科学的评价方式,关注学生的学习过程,注重学生在学习过程中的情感、态度、价值观的培养,注重发现和发展学生多方面特质与潜能,动态、及时地帮助学生认识自我、建立自信,在教育教学实践中发挥了其激励、改进等教育功能。

(2)注重学生成长过程中的点点滴滴。《学生成长日志》是孩子们成长中最珍贵的记录,它应成为一生中最值得收藏和纪念的东西。

(3)促进了学生、家长、老师的有效沟通与交流。学生与家长、学生与老师、老师与家长三方面的沟通与交流,是学生成长中必不可少的环节,《学生

成长日志》使师生情感交融,从《学生成长日志》的字里行间,家长对孩子目前阶段的学习状态、老师对孩子的要求和希望、学校教育教学工作情况都能有所了解,许多家长都非常支持我们的工作,希望每一次都能在《学生成长日志》上认认真真地写上几笔,表达自己对老师工作的感激之情或者对老师教学、学校工作提出建设性意见和建议。我们真切地体会到,家长已经和我们紧密地站在了一起,融入到对孩子的教育中;家庭教育与学校教育的一致性,才是真正意义上的合作伙伴;家长要利用《学生成长日志》,学会鼓励和赏识孩子。

(4)落实了学校提出的"学生成长导师制"。《学生成长日志》使导师制有了一个明确的载体,是管理走向精细化的主渠道之一。细节决定成败,《学生成长日志》抓住了学生学习过程中的细节,又强化了每一个细节的过程管理,在其运作和使用过程中,引领着我校教育教学工作的主导方向,使我校教育教学工作出现了质的变化,我们认为其具有很好的借鉴和使用价值。

(5)蕴涵着丰富的人文价值。《学生成长日志》不仅仅是评价、反思,更多的是师生心与心的碰撞、思想与思想的对白、灵魂与灵魂的沟通,是家长与孩子的殷殷细语、爱的倾诉,是家长与老师的相互支撑、相互搀扶。

三、导师制工作和《学生成长日志》需要进一步完善

导师制工作从2011年8月启动,前期我们没有去外地学习、考察、取经,只是借助网络了解到一些片言只语,可以说是边实践边总结。启动以来,学校召开了两次全校教师动员大会和三次家长动员大会,又在小范围召开了学生座谈会和教师座谈会,征求意见,积极推动。2011年11月,学校对导师制工作做了期中检查;2012年2月,又做了一次复查。我们设想每学期评出20名优秀指导教师和20名优秀指导教师提名,再评出导师制平台下的优秀学生100名和优秀家长100名。所有这一切,就是进一步完善"学生成长导师制",让更多的教师做好导师工作,让更多的学生在导师的帮助下更好地成长,让更多的家长积极配合和参与教育工作。

任何一项工作的开展很难让大家都满意,更何况导师制在一定程度上加重了教师的负担,老师起初也不知从何做起。同时,《学生成长日志》刚刚投入使用,还有许多问题需要不断地探索与研究,只有经过反复的实践、反思、修改、完善与补充,才能使其不断走向成熟。相信随着大家的共同参与,

我们会集思广义、博采众长,不断丰富和完善其内涵,让其真正成为学校教育教学工作的一个新亮点。

凡事预则立,不预则废。《学生成长日志》是对学生综合素质的评价,与班级管理相结合,使学生行为养成教育真正落到了实处,其运用和填写的过程也是学生自我教育、自我管理、共同进步和提高的过程,促进了良好班风班纪及班级凝聚力的形成,对我校教育教学工作、教师教育理念提升、班级管理、学生自我教育、家校合作等方面发挥了独特的作用,一定会在今后的工作中产生巨大而深远的影响。

"三全"育人环境下导师制教育实践的
探索与思考

张炎平

导师制诞生于14世纪英国牛津大学,是一种成功的人才培养模式。后来,这一模式被美国大学纷纷仿效,并在世界各国的高校中得以广泛推广。

近几年,全国许多中小学在借鉴大学导师制的基础上相继展开了导师制的实践和探索。刚步入高中的学生,对高中的生活、学习需要一个适应的过程,对高中阶段学习的认识和了解也要有一个过程,对部分学生这一过程会需要很长的时间。目前在我校的管理体制中,学校配备的班主任一般侧重对整个班级学习、生活和学生思想的管理,任课教师往往只对其教授的课程负责,而对学生个人的全面发展则没有具体的要求、制度来保证。

为实现"以人为本、全面发展"的教育理念,进一步发挥教师指导和教育作用,营造全员育人的教育氛围,推动师生之间积极、平等、充分互动和教书育人的和谐统一,做到"教师人人是导师,学生个个受关爱",促进每一位学生的全面健康成长,我校于2011年8月全面实施全员育人导师制。实践表明,这是一种行之有效的教育模式。导师通过对学生的个性化教育,及时排除学生诸多思想上的困惑,有效化解其心理障碍,有利于学生优良思想品德的培养,学生主体意识明显增强,在品行、学业等方面都得到积极的发展,有利于各学科的教学,有利于学生综合素质的提高。

一、导师制试行过程中面临的问题

经过一年的实践,在指导教师与受导学生的努力下,导师制取得了令人满意的效果。但由于我校导师制还处于试行阶段,在施行和应用过程中出现了一些问题,其中以下几方面的问题表现较为突出:

(一)家与校的问题

实施导师制,构建全员育人、全过程育人和全方位育人的理念和体系,需要家长的理解、支持和配合。在实施导师制之前,要通过各种宣传形式,让家长明白导师制的意义和作用,同时需要具体指导。例如每天如何听取孩子的汇报,如何填写学生成长日志,如何让孩子能够和家长、老师进行有效的沟通,如何与老师联系。在实施之前,应该有一定的前瞻性和预见性,要从家长的视角对家长进行具体的指导。从这段时间的情况看,家长对实施导师制的意义、如何具体指导学生、如何与导师进行有效交流等方面不够明确,导致家长和导师联系的很少,学校、导师的联系方式比较单一,这些需要我们创新沟通和联系方式。

(二)大与小的问题

所谓大与小的问题,是指在导师制实施过程中学生惰性大与导师管理权限小的矛盾。在试行导师制过程中,学生自身存在的最大问题就是惰性大、主动性差。调查显示:学生主动找导师沟通的意识普遍淡薄,生活中、学习上有困难主动找导师的很少;部分学生不太了解导师制,不知道自己和导师在导师制中的关系与作用。

据部分导师反映,其所带班级的学生积极性不高,只有少部分学生乐意积极参与,《学生成长日志》经常要导师催促才交,主动和导师交流的很少。填写的《学生成长日志》有的敷衍塞责、寥寥数语、点到即止,甚至就是上课流水账或作业记录本。总之,没有学生主体意识的形成,没有学生的积极参与,势必会影响班级导师制的实施效果。与学生相对应的则是处于尴尬境地的导师,他们介于班主任和管理人员之间,其权限范围模糊,没有管理、制约学生惰性的"权力",仅凭个人魅力以及专业素养激发学生的求知欲、主动性是远远不够的。因此,大与小的矛盾阻碍着导师制终极目标的达成。

(三)多与少的问题

导师制的工作重点是因材施教,目的是充分发挥导师对每位学生的感化而不是教化的优势。要把握学生在学校受教育过程中的每一个重要环节,充分利用各种教学场合与教育机会,从学生全面发展的角度对学生施行全过程的教育与指导。近年来普通高中招生规模迅速扩大,导致各高中师生比严重失衡,学校教师不仅要承担繁重的教学任务,还要从事科研等多项工作,这使得因为师生比失衡而造成的困境更加窘迫。学生人数多、教师工作量大,直接影响了导师制实施的效果。一些调查反映,在实行导师制的过程中,导师与学生的相处时间普遍偏少,导师与学生的交流及对学生的指导过于局限于课堂,受制于教室。学生多、教师少的现状成为学校导师制良性、长效、健康运行的制约因素。

(四)共性与个性的矛盾

对导师制的运行,曾针对部分学生进行询问调查。调查结果显示,导师在教育方面共性引导居多,占92.5%,个性指导较少,只占7.5%,而且共性引导的场所基本是办公室和教室,以开集体会议的形式进行。由于学生与导师的互动频率低,而且是"一对多"的形式,导致导师对学生了解非常有限,学生接受指导的实际效益不高。部分学生反映,个别导师根本或不能全部认识学生,学生与导师之间的关系是陌生的、淡漠的。因此,在对个性鲜明的学生群体进行教育的过程中,我们太多的共性指导在某种程度上泯灭了学生的个性发展。

(五)新与旧的问题

导师制的根本目的是指导和帮助学生培养学习、生活和做人、做事的能力,促进学生的全面发展。在传统的教育理念支配下,尽管已经开始施行导师制,但部分导师在教育观念上仍然沿用传统的"灌输式"教育方法,在指导高中学生的过程中重"传授"轻"启发",重"说教"轻"引导",重"管理"轻"服务"。一些导师不注重培养学生的学习兴趣、实践能力、创新精神和自主意识,教育效果不佳,导致学生学习茫然,缺乏主动性、自觉性和创造性,不利于学生综合素质的提高和全面可持续发展。

(六)明确与模糊的问题

我国各级各类学校学生教育管理的传统模式是班主任负责具体学生管理工作。但是,实施导师制以后,由于没有明确班主任和导师的工作职责,导致两者之间的部分工作界限模糊,不仅导师对自身的工作职责认识不清,而且学生的日常教育和管理工作中开始出现拖沓和扯皮现象,影响了学生教育和管理的效率,不能够有效实现建立导师制的目标。不少学生依然还是有问题找班主任,很少去找导师,导师也就成了仅仅是批改《学生成长日志》的人。导师主动约见学生,由于不够了解学生,导致谈话内容空泛笼统,缺乏针对性和有效性。

(七)智力与非智力的问题

我校倡导的导师制是对学生进行思想、学习、生活全面指导的导师制,它赋予了导师兼具班主任、任课教师、心理辅导员及生活顾问等多重角色。实行导师制,是想通过导师的积极参与,充分发挥其自身优势,加强对学生的指导和引导,强调对学生非智力因素的培养,提高学生在为人处世、专业知识、实践技能及职业规划等方面的综合素质和能力。在试行导师制的过程中,很多导师只注重宏观地指导学生的学习,与实行导师制的初衷——全面地指导学生的学业、品行,不忽视学生非智力因素的培养目标相去甚远。偏重学习上的指导,而对学生的思想、生活和兴趣等非智力因素的关注较少,这种情况在一定程度上违背了我们实行导师制的初衷。

(八)评价与绩效的问题

科学的导师绩效评价体系是导师制有效运转的机制保障,也是充分发挥导师工作积极性的途径。教育的效果相对来说具有一定的滞后性,有些作用不是显性的,如何从学生长远的发展评价当前的工作绩效是一个需要探究的课题。当前,由于缺乏科学的导师制绩效评价体系,导致导师工作积极性不高。由于成绩得不到认可,影响了导师工作的热情。因此,需要建立一套科学规范的评价机制,让踏实肯干、有实效的导师得到认可,同时学校应给予这些老师适当的奖励。

二、关于我校导师制完善策略的一些思考

实施导师制是构建全员育人、全过程育人和全方位育人理念和体系的有效探索,是全面提升学生综合素质的根本需要。针对当前试行导师制存在的一些问题,必须建立导师制健康运行的长效机制。以下从四个方面试谈关于我校建立健全导师制健康运行长效机制的策略的一些思考:

(一)管理层——完善工作机制,加强监督管理,健全奖惩制度

1.建立导师制工作领导小组,健全导师制工作章程

导师制的建立与推行是一个系统性工作,要在教育教学中体现出明显的效果,必须多方面齐抓共管。实施和有效推行导师制,需要领导高度重

视,并通过建章立制,增强广大教师和学生对导师制的认同感。为此,要建立《导师制工作章程》,严肃导师工作制度,充分调动导师工作的积极性。同时,要建立导师制工作领导小组,定期分析和研究导师制实施过程中出现的新情况和新问题,坚持以人为本,以培养全面和谐发展的学生为根本目标,并紧密结合我校学生的特点和实际情况,采取及时有效的措施解决出现的问题,最大限度地发挥导师在育人中的作用。

首先,要制订导师制工作制度,明确导师的权利与义务、导师的组织管理等,从制度上规范导师制工作,确保考核评价工作有章可循。其次,建立导师制考核制度,定期准确评价导师的工作绩效,包括检查导师工作计划、工作记录、工作总结及学生指导记录(《学生成长日志》)等,监督导师各阶段培养计划的完成。再次,通过定期召开学生座谈会等形式,及时掌握导师职责履行情况及学生的反映,完善导师的约束机制。当然,在制订评价体系的同时,学校也要坚持以人为本的原则,遵循教育的规律,比如教育效果的滞后性,尊重教师的合理诉求,给教师提供独立思考和自主工作的空间,培养导师自我管理意识,充分发挥教师的主观能动性。

2.建立健全导师聘任与管理制度,规范导师聘任与管理程序

学校要按照导师所指导学生的人数给予导师相应的岗位津贴,同时要科学地核算导师的工作量,可以以课时的形式计入教师的年度考核。导师指导学生要坚持"一导到底"的原则,即从学生的入学教育到高考后填报志愿的指导等。

在对学生进行教育管理的过程中,导师和班主任要坚持分工负责和协调配合的原则。班主任主要负责班级学生的思想教育、行政管理等行政性事务,包括学生报到注册、班级建设、团支部建设、组织班会、社会实践等相关工作;导师主要负责学生的具体学习、生活和思想指导等。

实施导师制,应成立由校长、书记、各部门主任以及班主任组成的领导小组,全面负责导师制的实施和管理工作。按照学校制订的实施方案,制订导师选派和学生分组的原则。

3.建立健全导师考核和奖惩机制,提高导师的工作实效

公平、公正、公开的导师考核和奖惩机制是导师制有效运转的基石,因此应建立公开透明的奖惩体系。在建立导师考核体系时,要重点考虑导师在德、能、勤、绩等方面的表现。量化考核时,要科学确定多元评价主体,实行自我评价、学生评价、导师互评和领导工作小组评价相结合,以保证考核结果的准确性与公正性。考核工作每年组织一次,由学校专门成立的导师制考核工作领导小组负责实施,以保障考核工作的顺利开展。

在考核的基础上,建立导师奖励基金,对年度考核优秀的导师进行奖励。学校每年评选优秀导师,并予以公开表彰。对考核不合格的导师,要深入调查问题产生的原因,通过谈话和培训等方式,不断提高导师的工作水平和能力,并跟踪检查其工作转变情况,切实保障导师制的实际效果。

(二)导师层——提升导师自身素养,明确导师工作职责

1.加强导师自身建设,不断提升导师指导和服务学生的能力

导师制得以良好运转的关键是导师队伍的建设。导师必须具备较高的素质,包括道德情操、业务能力、奉献精神等。作为导师,要有效地育人,自身应努力学习,不断更新知识,提高自身的业务水平、政治素质,在政治思想、道德品质、文明修养、治学态度等方面都要严以律己、为人师表,通过言传身教,培养学生良好的道德品质。导师制的实施,对广大教师来讲,既是一种压力,也是一种动力。因此,推行导师制必须使导师培养教育系统化、制度化,提高导师自身素质,确保导师制能顺利有效的实施。

导师在教书育人的过程中,要体现"教"和"育",突出"引"和"导"。由于学习基础较差,学习习惯不够好,相当数量的学生对学习不感兴趣,致使学生学习缺乏动力,没有明确的学习目标,从而产生一些不良现象。针对这些现象,导师要准确把握学生的心态,充分了解学生的情况和特点,从入学第一天起,就要认真抓好学生的教育工作,特别是要通过生动形象的讲解,转变学生学习的不良情绪,使学生充分了解学习的重要性,对学习和个人的发展充满信心,从而培养学生的学习兴趣,提升其学习动力,实现从"要我学"到"我要学"的思想转变。

加强导师自身建设,要重点发展以下几个方面:一是人格魅力方面。导师要具有高尚的人格,靠人格魅力吸引学生。二是创造力方面。导师要具备较强的创造力,积极主持创新项目,通过组织学生参与各类活动,培养学生的创新能力。三是辐射力方面。导师在学生中要有较高的威信,要依靠自身卓越的才能辐射和带动所指导学生在思想、知识和能力等方面的全面发展。四是育人能力方面。导师要具有新形势下学生教育、服务和管理的

基本能力,学会了解学生、热爱学生、关心学生和服务学生的基本技巧,切实提升指导学生的工作实效。导师要真诚地对待每一个学生,注意鼓励学生独立思考,注重培养学生发现问题和解决问题的能力。另外,师生之间平等、开放式的交流氛围,容易提高学生的反应能力,养成逻辑思维和富于反思批判的精神,提升人才的培养质量。

2.明确导师工作职责,提升导师的工作执行力

导师制有效运行的一个基本前提是导师要具备较强的敬业精神、职业道德以及较高的理论水平和实践能力。导师必须明确对学生的指导任务、阶段目标,并根据不同学生制订必要的指导方案,使指导工作有计划、有目标、有结果,使学生得到全面发展。

导师的职责具体来说有以下几方面:

(1)全面关心和帮助学生在德、智、体、美、劳等方面健康发展,重点指导学生的学习,帮助学生树立正确的学习目的和严谨勤奋的学风,掌握科学的学习方法。

(2)了解学生的入学基础、学习情况、能力素质及爱好特长等,及时掌握学生学习过程中出现的问题,有针对性地帮助学生克服困难、解决问题。

(3)对学生的指导要认真负责,做到有计划、有记录、有总结、有效果。期末会同班主任写评语,指出学生的努力方向,要对学生进行综合评定,并制订进一步指导计划,同时完成导师工作总结。

(4)配合班主任做好学生的思想工作,并就学生的评优、奖励、处分等评定提出建议。

(5)切实履行职责,每学期开学、期中、期末各进行一次集中指导,并经常对学生进行个别指导。在新生入学阶段,要适当增加辅导次数,使新生尽快适应新的学习、生活环境。

(6)因材施教,实施个别辅导。导师对所指导的学生实行全面负责制,关注受导学生校内和校外一切活动。学生在学校期间,每周至少与导师交流一次。导师与受导学生"一对一""面对面"谈话,谈话在办公室、教室或其他便于交流的场所进行。同时,导师与家长保持密切沟通,适时家访或约见家长。

（三）学生层——转变观念，注重良性互动

1.做好向学生宣传和阐释导师制的工作，转变学生观念

在全员育人的大环境下，培养优秀的人才、促进学生全面发展是教育的长期目标，和谐的师生关系、良好的互动交流是双方"共赢"的最佳状态。学生是主体，如何转变学生的观念，充分调动学生在导师制中的主观能动作用，是导师制能否长期有效地实施下去的关键因素之一。因此，在实行导师制前，首先应对学生进行开展导师制工作的解释以及具体指导，使之明确导师制的宗旨、意图，清楚自己在导师制教育中的权利和义务，以便师生在教学中更默契地配合和互动；其次，应加大鼓励师生互动交流的激励力度，鼓励学生积极主动地参与师生互动教学。

学生既要尊重导师，又要做导师的知心朋友。学生要主动多与导师联系，可以就自己在学业和思想、生活上遇到的疑难之事咨询导师，以期得到导师的指导和帮助。学生应以主动、认真的态度，参与导师制的各项活动。尤其在学习、生活中，要踏实、肯干、多思、多问，努力培养和提高自己的知识水平和能力。

2.认真抓好学生的思想教育和引导工作，帮助学生树立正确的世界观、人生观和价值观

本校学生大多数是独生子女，心理素质整体水平不高，加上招生因素的影响，学生成绩较名校差距不小，心理上存在自卑感，不能正确对待挫折。心理上的失落感，必然带来学习上的动力不足，不能形成良好的学习习惯，对学习失去信心。部分学生理想信念不高，集体意识、诚信意识、挫折意识和团队精神不强。另外，学生年龄还小，思维水平不高，面对复杂的社会现实，不能透过现象看本质；面对抽象的人生问题，不能用理论来分析现实，没有树立正确的世界观、价值观和人生观。在这样的背景下，以人为本，关注特别需要关爱的学生，研究学生成长的过程，探索学生成长的规律显得尤为重要。因此，导师要注重与学生交流、谈心，深入了解学生的兴趣、爱好和特点，帮助学生树立正确的世界观、人生观和价值观。对于学生在思想、心理等方面存在的问题，导师要深刻剖析问题产生的原因，并通过深入细致的疏导，帮助学生转变心态，塑造健康的心理。

(四)家长层——办好家长学校,形成教育合力

家庭教育在学生的成长中具有特殊的重要作用。家长要对孩子的身心发展和成长起到切实的指导作用,要与学校积极配合,帮助和引导孩子树立正确的价值观和人生观,要以科学的教育方法培养孩子生存、生活和发展的能力,更要以良好的行为习惯与思想道德修养为孩子做好表率。有的家长即使常年在外工作,也不能因此而忽视对孩子思想观念、行为举止的教育,要与班主任和导师多沟通、合作,及时掌握孩子的思想动态和行为习惯,不断督促和强化孩子养成良好的行为习惯。

踏踏实实办好家长学校,建立健全家长委员会制度,这是促进家校合作的有效途径。家长学校应定期开展形式灵活的各项活动,帮助家长理解导师制,学会如何填写《学生成长日志》,如何和导师联系,如何用科学的方法教育小孩。帮助家长学习教育规律、掌握科学的教育方法是家长学校的办学目标。同时,学校对家长的意见和建议要及时反馈,对学校发展有益的,要尽力照办,不适合学校发展要求的,要做出解释。只要学校和家庭的教育一致,能够形成有效的合力,那么孩子就能朝理想的发展方向前行。

导师制中指导教师角色定位

刘爱和

导师制在我校实施近半年,从学生、家长和指导教师反馈的信息来看,集中一点就是如何使该项工作落到实处。很多人都认可这项制度,认为能促进学生健康成长与学业进步、改善师生关系、加强家庭与学校联系,是一种新的育人模式。但也有人担心,如果流于形式,就会虎头蛇尾,不能坚持到底,最终会流产。这种担心并非杞人忧天,因为在我校办学历史中,也有很多好的举措,均因流于形式不能坚持下去,最终不了了之。

既然是一种大家认可的好的做法,为什么不能坚持下去?笔者认为,有两个层面的问题必须厘清。一是这种做法好在哪里,它需要学校、家长、老师与学生做什么;二是如何使这种做法落到实处,避免走过场、流于形式。"学生成长导师制"不是一种新制度,它的历史可以追溯到14世纪,但这种制度最初只在大学实施,几乎没有推广到中小学。直到21世纪,我国部分学校才开始把它引进中学,进行了一系列有益的探索,但推进的力度和广度都不够。之所以出现这种现状,我认为主要还是认识层面的问题,对导师施导内容的具体界定是关键。如果对指导教师主要做哪些事都弄不清,这项工作就是再好也是难出效果的。因此,对导师制下指导教师角色的定位就显得十分重要。

需要特别强调的是,这里所指的导师和高校的导师有很大差异,绝不能等同,否则就会走进一个误区。那么,"学生成长导师制"下的指导教师究竟充当什么角色呢?笔者认为有如下几点值得思考:

一、学生心灵的呵护者

高中生正值青春期,处于人生的第二次断乳期,逆反心理强,看问题、思考问题往往走极端。表现在行为上,出现与老师意见相左的做法很普遍,也就是我们常说的看不顺眼的地方多,离经叛道的多。面对"90后"群体,作为师者的我们怎么办?我想调整心态是关键。想想曾经的我们,在长辈眼里不也是很不顺眼吗？换位思考会使我们豁然开朗，眼前的"叛逆分子"也会顺眼起来。只有顺眼看待自己指导的学生，你才会慢慢走近学生，走进学生的心灵。当你通过自己的努力，走进学生的心灵，指导教师才会发挥"导学"的作用。古人云：亲其师，信其道。当我们成为学生心灵的一种依赖，我们的言传身教才能在学生身上发挥功效。高中生处在向成人的过渡期和逐步关注社会时期，还处在准成人阶段。这个阶段的孩子心理特别脆弱、敏感，再加上学业压力，他们特别需要指导教师关怀他们。因此，导师如果在学生心灵寻求呵护的时候，及时向他们伸出橄榄枝，必然会使受导学生心存慰藉，这样学生就会越来越依赖指导老师，他们在忧伤的时候，会把导师作为心灵停泊的港湾。

二、学生思想的引领者

高中生正处在世界观、价值观、人生观形成时期，对导师的选择往往倾向于有一定思想深度的老师。高中生急需在人生的十字路口找到一位引领他们走向光明大道的导师，因此导师在和受导学生交流时，要有所侧重，不必面面俱到。导师要针对学生在平时、课堂和《学生成长日志》中流露出的思想倾向，采取有的放矢的措施，在思想上影响他们，引导他们向积极方面发展。

当下社会是一个各种思潮和观念大杂烩的社会，存在形形色色诱惑的陷阱，涉世未深的高中生很容易误入歧途。为此，导师要正确引导他们看待社会各种现象，教会他们辨别是非的方法，提高学生的"免疫力"。

做学生思想的引领者对导师的要求非常高。学高为师，身正为范，教师首先必须是品行高尚、思想丰富的人。人格魅力感染学生的效果是长久的，而人格魅力的形成需要导师长时间苦练内功，唯有这样方能引领学生成长。

要懂得引领学生的方法，引领不同于灌输，导师不能板起面孔说教。导师要根据学生的性格、爱好和习惯，结合历史典故、身边典型事例，把自己的思想融合在具体、活生生的实例中，让学生在潜移默化中受到熏陶。

三、学生困惑的倾诉者

在人的成长过程中，每个人都有困惑的时候，高中生尤为明显。但高中生在困惑时和成人处理问题的方式又不同，他们有时会钻牛角尖，甚至走进死胡同。这种偏激的思维方式急需导师的引导。但实际情况是,有些孩子遇到困惑,采取的方式往往就是把它隐藏在内心深处,这种不良的情绪长期郁积于心,必然会影响学生的身心健康。

导师如何排解学生心中的困惑呢?是被动去等,还是主动去发现?我想主动发现才是导师的职责所在。对于那些性格内向的学生(特别是女生),如果导师不做有心人,很难了解他们心中的困惑。但如果我们主动了解自己的受导学生,通过一些方式就可以发现一些端倪,这样就能及时做到顺势引导。

导师一旦发现学生有困惑,就应该引导学生学会倾诉。导师要做学生倾诉困惑的倾听者,要耐心倾听学生的唠叨,善于寻找排解学生困惑的方法。引导学生将困惑写入《学生成长日志》是一种方法,找学生面谈、当面听其倾诉是一种方法,通过第三者及同伴开导也是一种方法。总之,只有调整好学生心态,然后和其他学生一起帮助他渡过难关,学生的困惑才会慢慢消除。

四、学业进步的促进者

我们不能回避学习成绩,这点对高中生尤为重要。导师制施导内容不仅仅局限在德育层面,还要拓展到学生学业方面。在高中阶段,学习成绩一直伴随着学生成长。如果导师忽视或回避学生的学习,那不是一种完整的育人模式。导师要密切关心学生学业情况,对学生在学习中遇到的问题和困惑要及时解决;随时关注学生每个阶段成绩的变化,有针对性地指导学生,帮助他们解决学习上的困难,在共同进步的目标下,和受导学生结为同盟者和学习共同体。品味学生的进步,时刻关注学生的每一次进步,采用鼓励、促进的方式,让学生体会到学习进步的愉悦。导师可以向科任教师了解学生各学科学习情况,也可以把学生对各学科教师教学的意见以及学习中遇到的困惑反馈给科任教师,帮助老师和学生共同提高,改进教与学。但导师不能唯成绩论,不能只盯着学生的成绩,而忽视了其思想、品行。对学生成绩要用发展的眼光来看,要朝前看,要用鼓励的方式促进学生成长。

五、学生生活的有心者

处处有心皆学问,导师要做学生生活的有心人。我们既是学生的老师,也是学生在校的父母。如果这种观念被导师接受,那么,我们就会时时处处关心学生,就像对待自己的孩子一样。

高中生正处在人生的过渡期,他们有时像大人,有时像小孩,做事、看问题会出现"两边倒"的倾向。导师在这时要处处留心,做一个对学生成长关心的有心人。不仅要关心他们的学习,还要关心他们的情绪变化,甚至是一举一动。只有留心学生的细微变化,才会发现他们在学习、生活中种种端倪,导师才能顺藤摸瓜,找到解开学生心锁的钥匙。

导师要走进学生的生活并非易事,由于生活的时代差异,代沟必然存在,代沟会影响导师与学生的接触与交流。这时,导师要做有心人,要熟悉"90后"思维、审美、生活习惯,要了解他们关心什么、喜欢什么、讨厌什么,要找到他们感兴趣的话题,只有想其所想、乐其所乐,才能走进学生的生活。当导师走近学生,就能拉近和他们的距离。导师在关注他们生活的点点滴滴中,逐渐培养师生之间的感情,改善师生的关系。只有这样,导师才能真正成为学生学习与生活的良师益友。

爱是教育的源泉

——"学生成长导师制"的实践与探索

陈　云

爱是教育的源泉,教师有了爱,才会用伯乐的眼光去发现学生的闪光点,对自己的教育对象充满信心和爱心,才会有追求卓越和创新的精神。

美国教育部规定的中小学教师必读书目《人这样成长》中有这样一段话:"一个孩子在充满宽容的环境下成长,他学会了有耐心;一个孩子在充满鼓励的环境下成长,他学会了自信;一个孩子在充满赞美的环境下成长,他学会了赏识他人;一个孩子在充满认同的环境下成长,他学会了爱惜自己……"我们从中得到启示:教师应成为学生成长的良师益友。我校"学生成长导师制"以其现代化的教育理念和全新的育人管理模式有效地促进了教师的专业成长和学生的全面发展,符合教育改革的潮流。

一、立足校情,成效显著

"学生成长导师制"注重教育教学管理理念的转变,用现代教育理念指导教育教学管理实践,突出师生平等、全面发展和有效互动的理念,通过有效的制度建设促进教师成长、学生全面发展和学校教育质量的提升,取得了显著成效。主要表现在:

1.增强了教师的"育人"意识,提升了教师队伍素质

教师是教育教学活动的直接实施者,是教育教学活动有效性的关键因素。传统的教学模式下,教师以单一传授科学知识为教学目标,在教学方法上以说教为主,忽略了对学生的情感、态度的关注与培养。师生关系处于一种垂直的单向管理,师生之间平等地位和互动关系缺失,"育人"意识薄弱。"学生成长导师制"使教师的教育教学理念明显改变,在学生管理中注重与学生谈心,及时交流、沟通,全面了解每个学生的家庭、学习、生活情况,针对性地帮助学生解决问题,培养学生的健全人格,"育人"责任感得到明显增强。

2.促进了学生全面、健康成长,特别是促进了学生健康人格的培养

导师制以一种"全人"的教育理念培养学生,提倡教师在关注学生学业进步的同时,注重对学生的道德品质的培养,使学生成长为一个自尊、自信、宽容的人,培养学生学会学习、生存、生活。学校自实施导师制以来,通过教师、学生、家长等方面的共同努力,学生的各方面素质得到明显提高,得到家长的普遍认同。

3.增进了家校联系

美国学者科尔曼在《教育机会均等》一文中提出:学校教育只是影响学生成绩的一个很小的因素,学生的家庭背景等更多地影响了学生的学业成绩。这一方面引起了我们对学校教育的质疑,另一方面也启示我们的学校教育不能走"象牙塔式"的道路,需要加强与家庭、社会的联系,全面地了解学生的个人情况并施之个性化的教育。导师制就此做了实践性的探索。

4.教师教育方法得到改进,师生关系明显改善

通过教育教学方法的改变,师生的平等地位得到充分体现。教师和学生亦师亦友,在平等中实现及时的心与心的交流和沟通,彻底转变了传统教育教学模式下教师主导、学生被动接受的局面。

5.学生全面发展,教师综合素质提高,真正实现教学相长

导师制着力于教育理念的更新,通过平等、互动的师生关系,转变教师教育方法,提升学生德、智等方面素质。导师制是一项整体性的工作,这一制度的实践应用,促进了教师和学生的"双赢",教师经历实践磨炼,专业素质不断提升;同时,教师把"全员育人"看做是一项日常工作,也是一个研究的课题,对于所引导的过程与效果记载、分析,撰写个案分析材料,定期开展研讨,促进理论与实践的交流与完善,不断提高"导"的水平。对于学生而言,导师制突出"以人为本"的现代管理理念,尽一切可能关注人的需求成为教师教育管理工作的精髓。导师制作为推进个性化、亲情化德育工作的有效载体,强调个性化、亲情化、渐进性、实效性原则,以生为本,因人而异,目中有人,尊重个性,面向全体。导师制着眼于学生的整体成长发展,关注的是学生的精神生活质量与个性化学习需求,满足不同学生多样化发展的需要,让每一位学生个性得到张扬,享受成功的快乐。学生在新的教育管理模式下,得到全面、和谐、可持续的发展。教学相长的局面在导师制下得到有效体现。

二、形式多样，因人而异

只有深入到学生中，平等地和学生交流，他们才能敞开心扉，我们也才能真正了解学生的想法，并针对存在的问题对症下药。实施导师制的形式很多，我在实施的历程中除了按学校要求认真批改《学生成长日志》外，还采取多种形式与学生交流，力求实效，具体做法有：

1.讨论

和学生一起平等地讨论，就某一问题交流意见。讨论内容主要有：人生观、世界观、价值观、学习方法、学习成绩、做人、生活、前途、理想、正视困难、心理健康等。基本是无所不谈，从而深入地了解学生、帮助学生。

2.疏导

当学生有不正确的想法时，教师要及时地做好疏导工作，纠正学生的不正确思想，和他们一起交流，以正确的人生观影响他们。甚至做了工作而不见成效时，我又找到很多有经验的老师来帮助做工作，取得了很好的效果。

3.暗示

有时遇到一些自尊心特强而且很乖的学生，当发现他们有一些不好的做法时，如果运用暗示的方法，会收到更好的效果。比如有一个学生，她的成绩非常好，又是班干部，在一次和她的谈话中了解到她有很大的心理压力，原因是平时家长对她的关心太多，这一切都成了她的心理负担。她总希望用最好的成绩来回报父母，可是越心急就越烦躁，成绩下滑了更感到对不起父母，就越烦躁，这样形成了恶性循环。在和她交谈中，我告诉她做的都是对的，是父母的好孩子，有孝心。同时暗示她什么才是最有孝心的，而且一个优秀的学生要懂得调节自己的情绪，要明白现在对自己来说什么最重要。她听了之后，终于明白现在自己应该努力学习，提高自己的学习成绩和学习能力，以优异的成绩回报父母。"暗示"取得了非常好的效果，调动了学生的内在动力，真是"无声胜有声"。

4.鼓励

高中的学习压力大，学生正处在人生观、世界观的形成时期，自我约束和自我调节能力比较差，因而学生在成长的过程中常常需要老师的鼓励。有时候老师一句话，比如"小伙子，你做得很好""你还有更大的潜力，别灰心""下次你一定会考出好成绩""你是班上最热心的同学"等，会让学生激动好多天,甚至影响他的一生。

三、面对问题,不断探索

由于导师制工作在我校刚刚实施,目前仍有一部分教师对导师制不了解,不知道如何去做,在实施过程中还存在一些问题,需要我们积极地探索。

1.实行过程中缺乏有效的管理、激励机制

导师制实行效果不达预期的主要原因之一是缺少有效的管理机制,处于一种游离于管理之外的"自由""随意"状态,更谈不上考核与评价工作。久而久之,造成"做好做坏一个样",导师积极性、主动性不高。

2.学生缺乏积极性、主动性

学生对于导师制了解不够,缺乏主动性,把找导师看成是一种负担,认为没有什么必要,学生积极性和主动性的缺乏极大地影响了导师制作用的充分发挥。

3.导师缺乏积极性

由于学校多数教师承担着繁重的教学和科研任务,再承担导师工作,尽管许多教师非常愿意与学生交流,却难免力不从心。导师的整体素质虽然比较高,但是对于导师工作的认识和态度参差不齐,极少数教师对导师功能、工作性质和目标仍没有清楚的认识和把握,这些都导致了导师工作状态不尽如人意。

4.学生和导师互动意识淡薄

导师制是一种双向互动过程,但在目前的教育体制中,部分学生和导师在新的管理模式下仍然遵循师道尊严、师教生学的传统观念,使得导师制在实践过程中师生互动意识淡漠,学生更习惯于洗耳恭听,老师更习惯于谆谆教诲。如果学生只是被动地听,老师只是一味地重复性灌输,天长日久,老师与学生之间难以建立双向互动关系。

5.指导时间难以安排

在实行导师制的过程中,导师需要与学生有更多的接触机会,认真观察和了解学生,为学生提供个性化的指导,但由于导师指导的学生人数普遍较多,学生放学时间比较迟,指导时间以及个性化的指导难以安排和调节。

总之,通过导师制的实施,教师教书育人落实到了实处,"人人都是德育工作者"这一理念在教师中已形成共识。同时,实施导师制使所有教师都成

为学生的导师,不仅有效地弥补了班主任难以深入到每一个学生中的缺陷,而且顺应了个性化教育的发展趋势,使教师的教育工作更具有针对性。在以后的日子里,我要不断地总结经验教训,一如既往,踏踏实实做好导师制工作,为我的每一位学生点亮那一盏"引路灯"!

我看导师制

王庆发

导师制原是一种教育制度,与学分制、班级制同为三大教育模式,其特点是师生关系密切。导师不仅要指导学生的学习,还要指导他们的生活。20世纪末,配合教育教学的改革,我国很多中学将其引入教育教学活动过程中,成为对学生进行思想道德教育,加强对学生生活、学习行为指导的一种新的教育管理模式,并收到了一定的成效。本文围绕"导师制"及其在我校的实行谈一点自己的看法。

一、实行导师制的必要性

1.从德育方面来看

中学阶段是学生人生发展的关键时期,他们的思想带有这个年龄段的鲜明特点,并深深地打上了时代的烙印。有人将其这样概括:政治上具有探索性,观点上带有偏激性;思想上具有进取性,认识上带有片面性;目标上具有时代性,需求上带有享乐性;思维上具有求异性,心理上带有逆反性;意识上具有自主性,处事上带有自私性;行为上具有独立性,生活上带有依赖性;性格上具有开放性,意志上带有脆弱性;交往上具有广泛性,感情上带有冲动性。鉴于此,要想促进学生的健康成长,需要我们有针对性地正确引导,通过教师的人格魅力感化学生,使其克服缺点,发扬优点,逐渐培养健全的人格。同时,要结合实际情况,有针对性地帮助学生剖析自己的思想观点,引导其逐渐形成正确的世界观、人生观和价值观。

2.从智育方面来看

学生从小学进入中学后,科学文化知识学习的广度及深度明显提高,各方面学习能力的要求也相应提高,学生的学习压力骤然增加,部分学生表现出明显的不适应。如何引导学生更快更好地适应中学学习生活,是摆在中学教师面前的一个重要课题。中学阶段要加强对学生学习目的的教育,引导学生树立正确的学习目标,激发学生内在的学习动力;培养学生优秀的学习品质,端正学习态度,提高自主学习的能力,养成良好的学习习惯;指导学生掌握常规学习方法、学习规律,提高学习效率等。这些都是学校工作中极其重要而又非常艰巨的任务,要完成如此艰巨的任务,仅凭班主任是远远不够的。"学生成长导师制"这种教育组织形式以其"个别化""个性化"特点在此却大有可为。

3.从心理健康教育方面来看

中学生处于青春发育期,自我意识迅速觉醒。他们很想深入了解自己,关心"自我"形象,"我是怎样一个人""我能成为一个什么样的人""我能做些什么""我的前途与价值将会怎样";他们敏感地关注别人对自己的议论和态度,并经常用一些名言警句督促自己、剖析自己、鼓舞自己;他们的自尊心明显增强,厌弃保姆式的管束和僧侣式的说教;他们希望家长、教师和社会承认他们在家庭、集体和社会群体中的地位和作用,希望得到别人的尊重,渴望得到他人的关心和平等对待,受不了屈辱和冷漠,个别学生遭受挫折就意志消沉、沮丧、颓废,甚至一蹶不振,表现为逃学、离家出走等,成为社会发展的消极因素甚至破坏力量,有的甚至走上了轻生的道路。导师制对于把握学生的心理状况,了解学生问题心理的成因,及时而有针对性地采取教育和疏导措施化解学生的心理矛盾,帮助学生健康成长,具有极为重要的意义。

二、实行导师制的意义

1.有利于贯彻落实"以人为本"的办学理念

每一位学生都是生动活泼的人、发展的人、有尊严的人,都应该成为教师的关注对象。关注的实质是尊重、关心、牵挂,关注本身就是最好的教育。学生是活生生的人,有自己的经历和思想,有各不相同的个性和特长。我们不能把学生等同于花园里的花草、田野里的庄稼,老师也不能简单地类比为辛勤耕耘的园丁,学生、教师、家长都是具有能动性和创造性的个人。因此,我们对学生的培养不能简单等同于农民养花种草、工人生产物质产品,我们面对的是一个个有个性特点的社会性的人。我们只有针对每个同学的身心发展特点给以个性化的培养,才能使每个学生都得到发展、茁壮成长,千篇一律式的教育或者"一刀切"的做法只能导致失败。实行导师制有利于给予学生有针对性的、个性化的服务和成长条件,从而将"以人为本"的办学理念落到实处。

2.有利于充分开发和培养学生的非智力因素,促进学生的学业进步

非智力因素是指与认识没有直接关系的情感、意志、兴趣、性格、需要、动机、目标、抱负、信念、世界观等方面的因素,这些非智力因素在一个人的学业进步过程中,有着不可忽视的作用。一个智力水平较高的人,如果他的非智力因素没有得到很好的发展,往往不会有多大的成就。相反,一个智力水平一般的人,如果他的非智力因素得到很好的发展,就可能取得事业上的成功,做出较大的贡献。我国著名的数学家张广厚在小学、中学读书时智力水平并不出众,他的成功与良好的非智力因素有关。他曾说,搞数学不需太聪明,中等天分就可以,主要是毅力和钻劲。达尔文也曾说过,我之所以能在科学上成功,最重要的就是我对科学的热爱,对长期探索的坚韧,对观察的搜索,加上对事业的勤奋。从心理学上讲,感情、意志、兴趣、性格、需要、目标、抱负、世界观等是智力发展的内在因素。外因通过内因起作用,一个人的非智力因素得到良好的发展,不但有助于智力因素的充分发展,还可弥补其他方面的不足。反之,一个人如果缺乏意志、贪图安逸,势必影响其智力的发展。实行导师制有利于教师了解学生状况,实施个性化、亲情化的教育,并以教师个人的亲力亲为对学生施加影响,从而帮助学生树立正确的学习目标、端正学习态度、培养良好的意志品质,促进学生学业进步。

3.有助于学校教育与家庭教育形成合力,促进学生健康成长

青少年是未来社会的中坚力量,社会的持续和谐发展在很大程度上取决于今天的青少年能否成为未来社会的合格成员,而培养社会合格成员仅靠学校教育是远远不够的,还必须发挥家庭、社会对学生成长的积极教育作用。在当前的教育实践中,我们深感学校、家庭、社会三者配合不好的现状是比较突出的,表现为学校教育孤立、家庭教育随意、社会教育无力的局面。一方面,家庭教育出现了误区:一是一些家长的人生观、价值观出现偏差,容易引发学生的错误思想;二是一些家长教育的随意性强,缺乏科学性,或娇惯放纵,或简单粗暴,或重智轻德,养成了学生不良的生活习惯和学习习惯。另一方面,在学校教育中教师与家长的联系沟通不够,对学生的家庭情况、思想状况、成长经历等知之甚少,出现了学校教育与家庭教育相分离,陷入盲目性、孤立性的状况。实行导师制让导师深入学生家庭,了解实际情况,加强与家长的交流与沟通,能在一定程度上改变这一状况。

三、对我校实行导师制的几点建议

1.坚持从实际出发

无论多么好的教育模式和方法,不顾自身的实际条件全盘照抄、生搬硬套,注定没有好的结果。因此,我们要认真研究我校的实际情况,制订科学的制度和措施。什么样的教师可以当导师、当哪个方面的导师,教师的能力、思想素质、积极性能否适应,导师制是应当面向全体学生还是面向"两头"学生等,这些问题必须研究透、理清楚。否则,"全员导师制"势必流于形式,很难有好的成效。

2.加强制度建设

一项事业要想取得成功,必须要有科学的组织制度做保障。导师制要想取得实效,必须在以下方面加强建设:科学界定并使全体师生理解我校所实施导师制的内涵,明确导师制的目的、宗旨及要求,制订导师制的实施细则,出台导师制日常管理和考核办法,形成对导师培训并提高其素质的常规途径和方法等。

3.协调、处理好导师与班主任及任课教师的工作关系

以班级为基本组织单位,班主任为主要协调者,围绕班集体建设全体教师形成教育合力。一方面,班主任要与其他教师加强沟通、定期交流,使任课教师理解并认同班级教育管理的理念、目标和方法,及时掌握班级学生的思想动态、学习状况等。另一方面,任课教师在对施导学生实施个别化教育的同时,必须使自己的教育工作服从并服务于班级教育工作这个大局。

导师制中班主任角色之我见

汪忠淼

从事班主任工作十几年,整天与学生打交道,处理班级各项事务,深感班主任工作的繁杂与辛苦。可在感叹的同时,总感觉缺少一点东西,是理解?还是支持?现在回想起来,应该是参与,是缺少班级任课教师的共同参与。以前总感觉是单打独斗,缺少团队意识,一个班级应该就是一个团队,这个团队的领队不是班主任,而是所有的任课教师;班级50余名学生教书育人的任务,应该是与任课教师共同分担的。本学期我校实施的导师制就是让更多的教师直接参与学生思想教育工作,为所有教师都能真正做到教书育人提供了一种有效的模式,让他们在教授学科知识的同时,一起分担、参与育人的工作。

下面结合我班实施导师制的情况,谈谈对班主任在导师制中所担当的角色的认识。

一、班主任应该是导师制的先行者

作为班主任,在倡导实施导师制之前,我觉得要做个先行者。

通过学习培训,我了解、熟悉了导师制。传统的以班主任为主的教育,使多数任课教师无形之中成为教书专业户,甚至教了很长时间不少学生的名字也叫不出,对班级和学生的实际情况掌握得不够详细、准确。导师制有利于导师更好地掌握班级学生状况,提高课堂教育教学效率。导师制能密切师生之间的关系,真正建立师生之间的民主教育关系,以教师的特长引导学生克服自身的不足,以教师的良好形象感化学生的心灵,能使学生更自觉、更主动、更积极、更快地上进,使学生的人格得到有效的培养。

加强班会舆论宣传,组织调查意向,敢于探索尝试。导师制是本学期开始实行的,没有经验可以借鉴,在具体实施时的步骤怎样,它的流程是什么,我们也在探索。作为班主任,是直接实施者、执行者,实际操作中如何去做、应该做些什么,我们必须仔细考虑。

我首先对56名学生进行了分组意向调查,确定小组长,给他们提出要求,并记录他们的生日、家庭住址、父母单位和电话。在第一时间进行了宣传,提升了同学们的凝聚力和向心力,确保导师制活动的顺利展开。

二、班主任应该是导师制的组织者

开学两星期后,导师制在高二年级正式启动,由于有前期的宣传、调查,我班56名学生进行了正式分组,14位任课老师都是导师。每人带的学生人数不等,多的12名,少的一名,人数多的设组长。对学生、家长、组长明确要求与责任,每星期学生填写《学生成长日志》,家长监督检查,组长按时收发,导师批阅。

开展一星期,我发现学生不会填写《学生成长日志》,于是我利用班会时间进行了培训。我认为可以从以下几方面进行:记录每天所学的重要内容,加深理解;可以记录当天发生的有启发、有感悟的事,谈谈心得体会;可以摘选名言名句,鞭策激励自己。每天的记录应该是一颗珍珠,串起来就是闪光的项链,《学生成长日志》就是你成长的见证,是你的财富。

三、班主任应该是学生与导师的联系人

我们班的任课教师现在一般都40岁以上,不再担任班主任,他们多年育人的经验和责任感在导师制中体现了出来。同时,因为增加了与学生的交流,对学生各方面的情况更加熟悉。

"以前总觉得老师居高临下,现在却可以时常和老师谈心,我感到我们的距离正在拉近。"学生周某说,"在学习、生活上遇到问题,我就会想到去找我的导师,因为她总能给我建议和帮助。"我班学生都有自己的导师,他们可以通过书信、电话、面谈等方式与导师交流,谈谈自己在学习、生活中遇到的各种问题和困惑,导师则根据受导学生的情况,主动为他们提供有针对性的指导或建议。

导师与学生交流过程中,班主任可汇集信息,充当学生、导师和家长的中转站,保证交流渠道畅通和对学生全方位的了解。

四、班主任应该是实施导师制的示范者

班主任也是导师,我是两个班17名学生的导师。我先分析他们的个性特长,调查他们的学习成绩和思想状况,与他们探讨学习方法,关心他们的

生活,因人而异地制订指导计划,做学生的良师益友。通过与学生频繁而深入的交往,你会发现与他们交流也是一件幸福的事情。

每周批阅《学生成长日志》,根据他们的所写、所想、所感,及时了解他们每天的学习和生活情况,以及他们在这个阶段遇到的困难,在给他们写的批语中为他们出谋划策,对学生进行评价和鼓励。被导学生可以随笔的形式与导师交流。"它不同于作文,想写就写,写什么、什么时候交给我都可以。"在随笔里,学生可以畅所欲言,老师也能从中了解学生的所思所想。经过沟通后,几个原来认为写成长日志无用的同学也开始认真记录每天的得与失了。

我校导师制工作尚处于探索阶段,导师在具体的工作过程中还存在一定的困惑,有待于总结反思。但是一学期下来,我班已出现了"被导学生有困惑,主动找导师帮助辅导"的良好局面。正如一名学生在思想汇报中写道:原来在家没人管,学校班主任管不过来,有了导师,在学校有老师,在家有父母,在导师的帮助和家长与老师的共同教育下,我的思想进步了,成绩也提高了。在我心目中老师与家长都换了样,过去看什么都不顺眼,现在样样都好了,我的自信心也找回了。

总之,导师制应该是学校班主任工作必要而有效的补充,在这里,"人人都是教育工作者"。需要进行教育和引导的并非只有差生,任何学生都可能面临生活或者心理上的各种困惑或难题。最后用一句话我们共勉:爱是教育的源泉,教师有了爱,才会用伯乐的眼光去发现学生的闪光点,对自己的教育对象充满信心和爱心,才会有追求卓越和创新的精神。

导师应是"三栖型"教育工作者

丁 飞

在学校,学生内心有困惑,同学之间有矛盾,师生之间有误会,都是引发消极、自卑、懒散或不安定因素的源泉。于是,侧重于"心灵对话"的灵魂工程师——导师应运而生。

导师与学生之间可以通过《学生成长日志》、随笔、书信或直接对话等方式交流。通过多渠道的对话交流,真情在师生心灵间流淌,教育在"润物细无声"中进行。

导师与学生家长之间的交流畅通了,对学生的学习与生活状况更熟悉了,点拨指导时就能做到有的放矢。

导师制的实行,拓宽了全员育人的渠道,有利于实施"一对一"心理辅导,对学生的心理健康大有裨益。

导师应当有宽广的胸怀,应当有远见卓识,应当有进取与探索意识,导师应是"三栖型"教育工作者。

一、导师是"指导学生"的教育工作者

值得学生信任、工作认真负责、善于与学生"打成一片"的心灵导师会成为学生的"知心朋友"。心灵导师要耐心倾听同学们的心声,真诚地接纳同学们的情绪感受,像朋友般平等地和同学们一起面对问题、分享生活、畅谈人生,帮助学生应对生活中遇到的各种问题和困惑。导师型的教育者,不仅仅是文化的传递者,也应当是学生心灵的塑造者,是学生心理健康的维护者。

心灵导师与受导学生是亲情化的关系。人与人之间越有亲切感,心理距离就越贴近,心理就越相容。如果导师平常和蔼可亲、平易近人,让学生感到导师既是严师又是挚友,彼此没有心理隔阂、亲密无间,就可以在一种非常和谐、愉快、充满信任的氛围中得到教育和指导,其效果远比在一种消极、对立的情绪中说教好得多。心灵导师对学生应是发自内心的尊重、信任

和关怀,不失时机地消除他们心灵上的障碍,打开他们心灵的窗口。

生命的核心在于单纯的信念,信念可以作为我们一生动力的来源。恰当的引导、鼓励,真切的关怀,启迪学生感悟世界与人生那一份纯净的美,让学生的心灵走向真、善、美,让学生认知世界、认知自我、憧憬未来,鼓起勇气去迎接挑战,让单纯的信念转化为生命的力量,这将真正体现出心灵导师的巨大价值。给予学生精神方面的滋养,是最具深度的教育方法,也是一种与自然融合、具有创造力的生活教导方式。培养有精神信念的学生,能够开启智慧、增强领悟力,更能葆有热情纯真的心,学习重视自己的生命价值,充分发挥创造力与潜能,避免对人生感到无意义和恐惧。学生在导师用心培养与带领下,能够充满爱与信心地茁壮成长。

苏霍姆林斯基说过,当学生走来对你说悄悄话时,你的教育就成功了。心灵导师就该走近学生、了解学生,遇到问题学会从学生的角度看一看、想一想,多一分宽容、少一分训斥,换位思考能够使师生之间情感融洽。心灵导师用爱心、真心、耐心主动与学生交流,关心、尊重学生,细致地指导学生,能使自己成为学生尊敬爱戴的人,使更多的学生"亲其师,信其道"。

二、导师是"指导家长"的教育工作者

导师在指导学生的同时,要与家长沟通,让家长对孩子的教育与学校对学生的教育合拍,导师也是"指导家长"的教育工作者。

人们常说,父母是孩子的第一任老师。孩子的健康成长与家庭教育密不可分,血浓于水的亲情在教育上所起的作用是不可估量的。教师的工作有其特殊性和局限性,有时候可能老师千百次苦口婆心的教育还不及父亲的一次大声斥责或母亲的一次含泪劝说。因此,导师应当重视与家长的及时沟通。学校教育和家庭的亲情教育水乳交融地结合在一起时,良好的效果便能显现出来。

有一位老师曾经说过:"孩子是一部书,从童年到少年,从少年到青年,父母都在一页页往后翻,但要真正读懂并不容易。"进幼儿园、小学,升初中、高中、大学,孩子的"升学五部曲",一次次的磨砺为孩子铺上了通往成功的基石。在这个链条上,家长最恰当的角色是什么呢?

人的一生有几次重大的转折期,也是重要的衔接期,对孩子来说,这些转折都是非常痛苦而艰难的,但这却是孩子走向独立必不可少的过程。如

何激励孩子通过衔接期的准备,激发其在学习上的积极性?心理学家告诉我们,父母不应该只充当望子成龙的传统家长角色,而应该成为孩子成长过程中的导师和顾问。

家庭教育其实不仅是对孩子的教育,还是对家长的教育,是全家人与孩子共同成长的过程。为孩子的心理衔接融入一些快乐的生活体验,给孩子一个为兴趣和梦想而快乐表演的童年、少年,让孩子成为一个"走出家门能快乐生活、走出校门能创新工作、走向社会能和谐相处"的普通人。每个孩子都有其个性特长和潜能,只要家长做个有心人,孩子就能活出最好的自己。

如果父母处处以一个长者的身份教导孩子的一言一行,很少真正去体会孩子的感受,这样,当孩子渐渐长大,父母和孩子就会越走越远,代沟也随之产生,从而难以把有益的思想和经验传递给孩子,导致教育失败。但如果父母从一开始就能做到和孩子一起成长,用孩子的眼光看待孩子,时刻保持一颗童心,那么随着孩子的成长,父母会发现孩子慢慢读懂这个世界的同时,自己也慢慢读懂了孩子这本书,走进了孩子的心灵世界。

三、导师是"指导自己"的教育工作者

在教学过程中,教师作为学生的"心灵导师",是学生健康成长过程中的引路人。因此,导师的工作要求全身心地投入,走进学生心灵深处。对于"问题学生",导师可能要"额外"付出更多。面对那一双双渴求的目光,一张张专注的面孔,导师的工作就是一个无比圣洁的境界。在每一个学生面前,导师就是一面镜子、一盏明灯,导师要给这些寻梦的孩子引路,在他们心里写一本最美的书。所以说,导师也是"指导自己"的教育工作者。

导师应当常常充满笑意地看着学生,和他们畅谈学习、人生。导师应当面向全体学生,不能有一丝一毫的偏爱情绪和不公正对待学生的倾向,导师的许多言行,很可能会改变一个学生的一生。导师应当用真诚去拥抱每一个学生,这样就会对学生少一分埋怨、多一分宽容,少一分苛求、多一分理解,少一分指责、多一分尊重。

导师应当具有主动精神,善于创造性地工作,善于提高自己,要自强不息,遇到任何障碍都不断寻找新的出路。导师应当留心观察学生一举一动中透出的异样变化,智慧地思考转化孩子的有效办法。导师要乐观、阳光,

易被孩子接近,这种乐观精神意味着要有宽容的精神、赏识的意识和激情的生活。宽容精神是一种"人不知而不愠"的修养,赏识意识是对他人表达真诚的认可和尊重,激情的生活则指的是一个人的精神状态。

导师要善于挖掘课程资源,拨动学生的心弦。苏联教育家赞可夫说:"教学一旦触及学生的情感和意志领域,触及学生的精神需要,便能发挥其高度有效的作用。"例如,语文教学在对学生进行积极的情感教育方面有着得天独厚的条件,语文教师要选择课本中的名家名篇,让学生品味其语言的美,领悟其意蕴,使学生在鉴赏中身临其境,受到感染,拨动情感之弦,获得积极的情感体验。

在指导学生的过程中,愿导师与学生、家长共成长,愿教育的园地生机勃勃,万紫千红。

聚焦导师制

——有时我们要做的仅仅是等待

沈 斌

我校上学期开始推行导师制,即让老师和学生结成"一对一"的对子,用老师的经验帮助学生健康成长。我成为学生蔡某的导师,通过与他沟通,使该生的心理健康、学业成绩以及与同学的关系都得到改善,逐渐形成了正确的人生观、价值观。

一、学生基本情况

蔡某家住城乡结合部,他的父亲长期在外打工,母亲文化程度不高,在对孩子的教育与引导上存在欠缺。他本人由于学习基础较差,加上家庭经济条件不好,所以比较自卑,但同时又以傲慢来掩饰这种自卑。主要表现为特立独行、桀骜不驯,不顾忌别人感受、易怒,上课好讲话,做小动作,学习成绩始终徘徊在班级下游水平。

二、辅导策略

1.心理上疏导

对这样的学生,我发现问题的根源是他缺乏自信。我和他谈心后了解到:他顾忌家在农村,怕同学看不起;经济条件不好,怕同学笑话;担心成绩差跟不上等。我告诫他家庭出身不能选择,但人生的道路可以选择。儿不嫌母丑,狗不嫌家贫,应以感恩的心感谢父母把你带到这个世界上。没有钱不是你的错,但你将来不能挣钱就是你的错了。我还以一些名人成长的励志故事来教育他,又拿一些身边同学的实例让他体会,让他知道条件不好的人不是他一个,有的同学比他苦得多,至少他还有父母在关心着他。我让他再想想那些同学又是怎样做的呢?为什么你就做不到自信自强呢?

2.学业上辅导

由于成绩较差的学生往往被老师和同学忽视,这也是造成他心理压力大的重要原因,以致造成成绩不理想与缺少信心的恶性循环。我告诉他成长比成功更重要,过程比结果更重要,只要今天比昨天有进步,就是成功。我和他共同制订了学习计划和目标,上课时有意识地提问一些他能答出的问题,并及时加以表扬,对他的点滴进步大加鼓励,常走到他旁边,及时解答释疑。我选择并推荐一些偏重基础的习题,让他在能力范围内弥补自己基础知识的不足并体会到成功的喜悦。

3.过程中指导

一是提供合适机会,让他自己通过参加各种集体活动,融入集体之中,找到归属感;二是通过交流与谈话,用一种赞赏的方式看待他,使他认识到自己长处,从而树立起信心;三是肯定他学习和生活中的点滴进步,让他始终感到被关注,而不是被忽视,让他品味到成功感,从而树立起自信。

三、案例反思

(1)通过这次"一对一"的教育,我发现很多学生其实都是很有潜力的,关键在于合适的引导以及让他树立起自信心。

(2)教育需要时机。有时在正确的时点做思想工作,事半功倍;反之,在不恰当的时点做思想工作就是对牛弹琴,甚至适得其反。

(3)教育需要等待。学生不是机器,他们是有思想的,要允许他们出现反复。经过共同努力,蔡同学比当初有很大进步,我很高兴。可是,一次蔡同学上课竟然迟到15分钟,撞开门不打招呼大摇大摆直奔座位,还故意把桌椅弄得咣当响,视老师和同学如无物。面对全班学生,我强忍怒火,开玩笑说他真"酷",要是戴上墨镜就更帅了,同学们会意一笑,我接着上课,一场可能的风波就此平息。但我心中却已起了风暴,已认定他是不可救药了,准备就此放弃。第二天,我去上课,不再提问他,也不再走到他旁边,他也回避着我的目光。又过了两天,他递给我一张揉得皱巴巴的纸条,我打开一看,写着:"对不起。"后来我才了解到事情的原委,原来那天他事事不顺,先和妈妈吵架,出门乘车发现书没带又返回拿书,再乘车车又出故障了,最后是小跑着赶到学校,可还是迟到了。正一肚子气无处发泄呢,这才有了课堂上的那一幕。我肯定了他的亮点,又分析他处理事情的不足和以后要注意的地方。望着他醒悟和释怀的背影,我想,如果那天我没有冷处理,而是大发雷霆,事情又会变成什么样呢?我们只要在学生心中植入春天的种子,只要有耐心,相信它一定会发芽开花,待到秋天带来的一定不仅仅是果实。

第三章　探索之悟

拨亮一盏灯,照得满屋通明

倪泽燕

著名教育家于漪老师在《站在大写的人字上》中提到,要"拨亮一盏灯,照得满屋通明"。 她认为教师个人的生命是有限的,而教育事业是常青的;教学不是被动地完成任务,而是主动地进行艺术创造。她把自己的生命融入活泼的教育事业中,把自己的行为融入活泼的学生生命中,所以她的教学生涯一直充满着激情、活力、生命力和创造力。而我们大部分普通教师走上讲台不久,就滋生了职业倦怠感甚至厌烦感,这是为什么呢? 寻踪于漪老师的教学足迹,欣赏她"满屋通明"的教学案例,终于明白观念决定行为,行为决定结果。导师制的实行,让我从观念到行为有了些许改变。它打破了我的课堂局限和学科局限,至少是让我逐步走近了学生活泼的生命,在我的教学生活中注入了情与情交流、心与心碰撞的灵动因素,让我在学科教学之外看到了另一种风景。

一、导师制让我认识到"非其地,树之不生;非其意,教之不成"

过去,在任教一个班级又不是班主任的时候,我的教育教学行为仅限于上课、改作业、统计成绩,几乎跟学生没有情感交流,总觉得那是班主任的事。实行导师制之后,先是被动地接触学生,但在走进学生家庭、了解学生的生活环境和成长背景之后,突然意识到自己先前的观念和行为是多么荒唐。比如每迎来一批新学生,我就期待着他们都能成为学富五车、才高八斗的人,或者是每一个学生都能上大学。自从走近高三(10)班的GY之后,我才意识到,自己过去错误的观念,曾让多少学生跟着受罪,甚至让家长跟着受累——把所有学生都往高考这条路上赶是多么不明智。高三(10)班的

GY同学成为我的受导学生之后,我及时进行了家访。他的父母都是工人,姐姐已经技校毕业,在一家超市上班。GY在家很受宠,父母对他没要求,从小就轻松自由地成长,上高中后自然也没有养成良好的行为习惯,没有扎实的知识基础,更没有远大的志向。家访时,他坐在我面前悠悠地说,他根本不想考大学,只想毕业后去做生意,帮父母减轻生活负担。而我自从认识他,交流的唯一话题就是好好学习、考大学。整整要求了两年,也让他痛苦了两年,还没有任何效果。这时我想起了司马迁的告诫:树离开了适合自己生长的地方就很难成活,更何况人呢?人如果不从内心接受和愿意学习的话,你再怎么教他也教不好。这就是教育中的"内因"和"外因"的问题,内因是学习的根本,外因只是学习的条件。学校应该是学生成长的地方,不仅仅是成才的地方;学生的发展应该是多元的,升学只是其一不是唯一。认识到这些之后,再来审视GY,他除了不爱学习之外,其他方面都很好:懂礼貌,明是非,守规矩,且有很广的人际交往。他对自己未来的设计比我的空想要实际得多,也合理得多。这样的学生我为什么要逼他上大学呢?这不是自寻烦恼还烦恼别人吗?从那次家访之后,我就改变了对GY的要求,每次交流,不再只谈学习,至少不谈学科成绩,而谈一些他认识的人、知道的事;上课也允许他看别的书,还推荐他看一些名人传记;欣赏他的一些小设想,赞美他的一些小制作。我的观念和行为改变了,GY的精神状态也改变了,脸上的笑容多了,不再躲着我,比以前更健谈。前不久,听说他要去当兵了,看到他挺直的脊梁、容光焕发的样子,我真替他高兴。同时,也感激导师制帮助了我,让我听到学生的心声,尊重学生的想法,让学生在学校、课堂得到了学习之外的快乐。

二、导师制让我懂得,教师的教育教学行为应该"春风化雨,润物无声"

正如孔子的教诲:"知其心,然后能救其失也。"过去那种居高临下、颐指气使式的指挥、命令甚至训斥,很多时候只能激起学生的逆反心理,也违背"循循善诱"的教育原则。只有走进学生的内心,获得学生的信任,才能发现学生的需要,实践教师的教育教学行为,实现教育的功能。导师制让我更近距离地认识了高三(10)班的XR同学。她原先是个很"冷"的孩子,对谁都是不理不睬的样子。自从成为她的导师后,我经常找她闲聊,有意无意地"巴结"她,在她的《学生成长日志》中写很长的抒情文字。精诚所至,金石为开,慢慢地她也愿意亲近我了。她主动跟我谈起她过去的辉煌经历，还给我看她过去所写的诗歌，并多次描绘她今后的发展前景。和XR的交往中，我知道了她内心有一个梦想，只不过上高中后，学业负担沉重，学习中的重重困难让她的自信心日渐丧失，于是就变自卑为自卫，给自己裹上一层厚厚的壳，对任何人都是冷冷的、攻做高傲的样子。了解这些之后，我帮她分析她目前的状况，她拥有的优劣势，今后该朝哪些方面发展等，她都非常虔诚地听取了我的意见。慢慢地，她脸上的肌肉不再那么紧张，表情不再那么冷漠，至少跟我之间不再是冷眼相对，上语文课比以前积极多了。前不久，XR的妈妈突然找到我，说XR在家跟她闹得不可开交，一定要买个新手机，她妈妈不同意又没办法说服她，就想起了我是她的导师，并从XR的言谈中知道她对我挺信任的，希望我能阻止这件事。带着她妈妈的重托，我找XR谈心。先了解她要买手机上网的意图，然后分析这样做的利害关系，最后让她自己决定是买还是不买，并没有像过去那样提要求、下命令。经过好几天的纠结和好几次的电话交流，XR终于决定不买新手机了。她告诉我这个决定时很平静，她妈妈却喜不自胜，说没想到我真能说服她，说她女儿从小都很固执，这还是第一次被别人改变了主意。我在反思，是什么让孩子愿意改变？绝对不是我的能耐，而是孩子的心态。XR在《学生成长日志》中说："老师，我相信你，也不想让你失望。"这就是信任的力量，相信一个人比服从一个人更能激发自身的潜能，也就是所谓的"亲其师，信其道"吧。导师制的实行，正是为老师亲近学生架设桥梁、清除故障的，但愿我能长期行走在这座桥上，让自己的工作做得更轻松、实在、有意义。

于漪老师有很先进的教育理念、很高的教育智慧，也投入了常人难以想象的精力，所以她能点亮一盏又一盏明灯，她的整个教育大厦满屋通明。我不敢企及于老师的高度和境界，但在实践导师制期间，我似乎看到了那么一点点亮光，那是学科和课堂之外的教育的生机和趣味，我与我的学生共享了。今后，尽管还不能像于老师那样"拨亮一盏灯，照得满屋通明"，但我会立足导师制这一平台，努力去点亮一支一支蜡烛，哪怕是擦亮一根一根火柴，即使不能照亮整间屋子，至少眼前有着光和热，这就够了！

交流中发展，互动中成长

后勇军

导师制是14世纪起源于英国高等学校的一种教育制度，导师对学生负有教学和辅导的责任，亦兼顾学生生活行为方面的指导。

导师制倡导的是个性化的教育方式。根据我校实际情况，针对学生的基础、智能、个性和习惯的差异，在班级授课制的基础上实行导师制，利用导师对学生进行"一对一"的指导，既照顾了共性、讲究了效益，又关注了个体、培养了个性。实行导师制是落实以人为本、全员育人的有效手段，具有现实意义，通过本学期的参与，感知了导师制的魅力。

一、交流中发展

1.引导人生

导师制能较好地把教书与育人结合起来。在导师制下，由于指导的学生较少，导师可以与学生密切接触，既关心学生的学习，又关心学生的思想和生活，容易成为学生的良师益友。我指导的学生参差不齐，针对不同班级、不同程度的学生，首先尽量多与他们接触，找他们谈话，了解他们喜欢什么，从他们感兴趣的事物入手，多方面了解学生的学习目标、学习情况、兴趣爱好、特长、家庭背景等。我们协商制订每位学生的长期目标和阶段性目标，指导学生对自己的学习和生活进行规划和思考；帮助他们合理选择，推荐或指导学生课外阅读、交友；关心他们的日常生活，明确学习目标，端正生活态度，树立正确的世界观、人生观和价值观；学会生活，养成良好的学习习惯，唤醒他们的热情，对学生课业进步和品行进行评价，从而引导他们认知的发展。

2.疏导心理

高二学生还是未成年人，他们正处于身心发育阶段，与成人、伙伴和同学的交往是他们学习和生活的重要内容，也是成长的重要方式，但经常会出现各种成长需要有所冲突，在引导之余更需要呵护。不同的引导对象决定不同的引导内容,关注学生的心理问题,定期与学生交流,关注学生思想变化;对学生的过错进行耐心细致的教育,对学生取得的进步,提醒班主任和学校进行表扬。通过谈心和《学生成长日志》了解学生,进行"一对一"、人性化的沟通,无论是学习上的烦恼,还是生活中的困惑,大多数学生能在细心体贴的关怀下随风而化、迎刃而解;及时帮助学生消除和克服心理障碍,激发他们自尊、自爱、自主地面对问题。相对宽松、平等的导师制,将会为学生心理疏导工作打开一扇新窗,成为学生成才道路上的良师益友。

二、互动中成长

1.提升学力

导师制的实行,搭建了民主、平等、和谐的新型师生关系,拉近了师生的心灵距离,融洽了同学之间的关系。导师制帮助他们树立学习信心,制订学习计划,引导他们掌握学习方法,激发学生学习的内在动力,循序渐进地培养他们的求知欲望。同时,对他们的作业情况进行监督,要求对每一次考试的试卷进行分析,帮助解决他们每一阶段的学习困惑。

2.关注个性

"一切为了每一位学生的发展"是新课程改革的宗旨和核心理念。高中新课程改革强调"以生为本",在强调基础知识及灵活运用知识能力的同时,更注重培养学生浓厚的学习兴趣,重视差异教学,关注每一位学生的个性发展,导师制可以很好地促进学生的多元化发展。在导师制实施过程中,从多角度欣赏所指导的每一位学生,在互动中与学生一起学习、一起分享、一起成长,有效地促进了学生的个性发展。

总之,教育是细工慢活,导师制必须给导师和学生足够的时间。通过本学期导师制的实践,我深深体会到:我校的导师制是行之有效的,导师制有着独特的功能,它与班主任工作相辅相成、相得益彰。导师制有利于激发学生潜能,使教师成为学生学习和生活的导航者;有利于与学生进行心灵交流、平等相处,使教师成为学生的良师益友。导师制下,教师在与学生的互动交流中,发现了自身专业成长的薄弱环节,感受到了提高教学水平和育人能力的必要性和迫切感,充分激发了教师主动学习的内在驱动力,增强了责任感、成就感和自豪感,促使教师积极主动地读书学习,努力实现专业知识与人格魅力的自我完善。导师制的实施,实现了校本科研环境下教师专业成长和学生成长的同步发展,实现了教师与学生发展的"双赢"。

善于发现的眼睛，乐于倾听的耳朵，坚持不懈的爱心

高琦璐

我校开展导师制工作已经有一个学期了，我也当了近半年的导师。导师的定义是什么？导师为学生做了些什么？你是一个称职的好导师吗？这些问题让我久久不能提笔。刚开始接触导师制时，我真的很茫然，因为自己的寡学少知，我只能把这个导师与大学的导师画上等号，于是导师这个名称在我心里升到很高的位置，那是怎样的学识才能胜任！不禁心虚不已，我这"半桶水"能担当吗？可学校动作迅速，在几次简短的培训后，懵懵懂懂的我就走马上任了，这真实地告诉我如果不提前行动，你必将落后很多。

后来在跟学生的交流中，我越来越感到导师也许就是班主任和心理咨询师的合体，我们需要用同理、共情、倾听走进学生的心里，帮助他们更好地认识自己、改善自己。同时，需要用指导、督促、奖惩唤醒他们对学习和生活的热情，让他们把握好转瞬即逝的高中时光。能否做好这些，关键在于你有没有善于发现的眼睛、乐于倾听的耳朵和坚持不懈的爱心。

还记得那个孩子，一个原本我认为比较开朗、认真、自信的孩子，还是做事麻利、讨人喜欢的班干部，在没有看他的《学生成长日志》之前，我一直认为他应该是个好学习的阳光派。但是一段时间下来，发现他并没有我认为的那么活泼，平静的眼睛里似乎藏着很多东西，而那些往往又被他刻意带过。我决定走进那双眼睛，看看里面的世界。终于，在努力地敲了几次门之后，他向我敞开了心扉，那些曾被压抑的心事、挣扎于心底的放弃与坚持、为家人担忧而默默承担的痛苦，以及学习的烦恼、纠结、疑惑统统地涌了出来，而他需要的可能只是关注的倾听和鼓励。倾诉过后，一个孩子的模样终于回到了他的脸上，平静的眼睛里似乎出现了跳动的希望。望着他的脸，我的心里充满了幸福，我想，这应该就是导师要做的事，这应该就是导师最大的收获吧。我开始明白了导师的一些内涵。

当然，鼓励和支持只是维系行为的一个动力。不少学生在《学生成长日志》中写道：这次数学没有考好，不是不会，是题目做少了，计划安排了不少，

完成的没几个;我就是一个缺乏毅力的人,从小到大都这样,好像改不了,要是有看电视的毅力就肯定能学好了……缺乏坚持和毅力似乎是他们产生困扰的一个很大的因素。事实上,一方面是他们自身缺乏毅力,另一方面他们缺乏的不仅仅是毅力,更是目标,或者说这些孩子还不了解自己,还不清楚什么是真正属于他们的目标。我经常问学生关于目标的问题,很少有孩子能说清楚自己到底要的是什么,学习是为了什么,甚至连考上大学都可能不是学生定下的目标。没有清晰目标带来的动力,如何坚持到比赛的胜利。所以,对于我们现在的学生来说,除了鼓励和支持,更重要的是要帮助他们认清自我,明确目标,找到前进的方向。谁能帮助他们?我想导师恰好能起到这样的作用。班主任虽然直接与学生相处,但毕竟是一对多,会忽视一些学生。导师每人指导12名左右的学生,稍加努力就可以更好地胜任。

作为导师的我们,有时候也如学生一样缺乏毅力。学生不写、不交《学生成长日志》时,家长问题繁多时,学校认可不够时,施导效果不好时,我们就会心猿意马、得过且过。某个学生在《学生成长日志》上写"一切良好",我回复:你的"一切良好"如老师的"阅"一般,让人心里拔凉拔凉的。但就在我对某些孩子快要失去信心的时候,身边总会出现激励的力量。下午刚上班,工会办公室就来了几个人,接近下班了,付主席才送走他们,原来是受导学生的家长,付主席将他们集中在一起开了小型的座谈会,一聊就是一下午。寒假回来交家访表,因为过年觉得有所不便,所以只与学生及其父母进行了简单的短信交流,没想到主席在过年期间却登门家访。开学初,进行《学生成长日志》复评,看着那些德高望重的前辈在《学生成长日志》上时而平易近人、时而推心置腹、时而幽默风趣的满满的回复,不禁心生敬意。原来自己做得还远远不够,原来自己思考的还微不足道,感谢这些感动和敬意,让我能坚持着、努力着。

导师是"师"更是"爱"的化身,虽然我们要付出更多的汗水和努力,但是,这必将得到学生真心的回报。

在导师制的道路上,我们是一起摸石头过河的人,会摔倒、会受阻、会困惑,但是路是走出来的,走的人多了、热闹了,路也就宽阔了。我相信,只要我们坚定方向,挽起手臂,导师制这条路一定壮丽开阔。

拥抱迟升的朝阳

蒋学艳

新校长上任后,我校这半年各项工作风生水起,尤其是全员育人导师制的实行,作为一种对学生进行思想道德教育,加强对学生生活、学习行为指导的新的教育管理模式,受到众多学生和家长的好评。

我成为21名学生的导师,这21名学生绝大多数纪律好、表现佳,学习态度很积极。但是也有几个无心向学、纪律散漫,各方面表现较差,通常我们会把这样的学生叫做"后进生"。我的受导学生之一小蒙(男,17岁)就是其中一个。我们常把学生比作早晨的太阳,那么"后进生"可能就是迟升的朝阳。比起其他学生,他们更需要老师的细心呵护、关怀体贴、理解尊重、谆谆诱导……于是我把小蒙同学作为重点转化对象,希望通过我的努力,使他从"后进生"的行列中走出来。

一、问题及行为表现

"迟到、早退、旷课已成为他的'家常便饭',举手投足之间'文明'的言行也成为他的自豪。上课期间,多次与老师公开叫板,并声称'连我爸妈都不管我,你凭什么管我!'似乎与老师对抗就是他的生活乐趣。""班干部维持课堂纪律时,唯独他不配合,甚至有时用一种厌烦、不屑的语气'回敬'你,让你尴尬万分!做眼保健操他更是肆无忌惮!"……这是我班的班干部对小蒙的部分评价。我总结了他各方面的行为表现:

(1)学习方面:学习目的不明确,缺乏兴趣和求知欲,听课经常走神,抄作业,学习习惯差,成绩差。

(2)思想方面:自卑而又自尊,缺乏进取心,放任自流,贪玩、迷恋游戏。

(3)性格、处事方面:思维怪异,性格倔强、固执,但又有依赖和惰性心理。与人相处做事,不计后果,缺乏自制力,责任感不强。有逆反心理,容易与老师发生冲突。

(4)纪律方面:自由散漫,日常行为习惯欠佳,班级集体意识淡薄。

二、背景调查

小蒙同学是独生子,从小在爷爷奶奶的呵护甚至是溺爱下长大,父亲是出租车司机,母亲在学校附近做小生意,家庭条件虽不算富裕但还说得过去,因工作关系父母放松了对他的教育。孩子偶尔犯错,父母便施以暴力。初二年级的社会实践活动中,由于不是自己的错而被当时的班主任老师当众狠训了一顿,小蒙因觉得委屈当场与老师顶撞,被"记过"处分,与老师又结下了一个不解之结,后索性"破罐子破摔",与校外人员混在一起,长期旷课。长期以来,他养成了固执、偏激、倔强的性格,办事我行我素,不计后果,出了问题又缺乏责任感,表现出逆反心理。学习缺乏自觉性,老师布置的作业完成了事,多一点也不想做,没有毅力克服学习上的困难,学习成绩处于下游。直到中考前,他才"临时抱佛脚",居然还"抱"上了高中,这一点连他自己都诧异。不过从这一点看,他还是有一定"实力"的。

鉴于此,我认为他的"后进"问题来源于自身内在因素和家庭环境、学校教育、社会不良影响等外部环境因素。

1.内因

(1)自身内在的因素:他思维灵活,虽然接受教育的能力并不弱,但学习态度不端正,学习目的不明确,对学习不感兴趣,怕苦畏难,缺乏进取心,贪玩难以自控,学习成绩差。

(2)心理因素:老师的批评、同学的抱怨、家长的暴力……让他心中产生了阴影。班主任给他讲道理,他不仅不理解,反而认为老师是在找茬整人;对老师的批评教育,他或顶撞,或沉默,或口服心不服,产生严重逆反心理,对同学的劝说、老师的管教产生严重抵触情绪。其实,正是他的"自尊"使他难以融入班集体的学习环境之中,以自己所谓的特立独行来表现自我存在的价值,故而在人生的价值取向上模糊不清。

2.外因

(1)家庭影响:幼时长辈们的溺爱,导致他形成一种"唯我独尊"的心理。在行事过程中"我行我素",抵触甚至反对别人的好言相劝,处处显示出一种"小霸王"的作风。

(2)学校影响:他成绩提升不上去,又缺乏认真、刻苦的学习精神,遇到难题不愿动脑筋,加之他难以融入新的班级集体,总是在"孤独无助"之中生活学习,于是认为自己反正也就这样了,自暴自弃,凡事总觉得自己对。另外,由于初中班主任给他留下的"阴影",他总认为其他老师也好不到哪里去。老师与家长在处理问题时又显得不够冷静,讽刺挖苦,指责训斥,靠权威压服,学校和家庭不恰当的教育方式和态度,造成他不健康的心理。

(3)由于初中时与校外人员交往过密,进入高中后,在新的集体中仍然是"孤独无助"地生活学习,加之他还不能和那些校外人员"恩断义绝",受其影响,他依然不思学习。

三、转化方法与过程

对待"后进生","要小心得像对待一朵玫瑰花上颤动欲坠的露珠",这句话也许有些夸张,却实实在在地告诫我们,对待"后进生"切不可疏忽大意。作为一名教师,有责任、有义务,也应该有能力帮助教育好"后进"学生,使他们也能和其他学生一样健康、快乐地成长,展现自己独特的风采。因此,在《学生成长日志》上,在平时的接触和交流中,我想方设法开导、引导小蒙,希望他尽快走出"后进生"行列。

根据小蒙的实际情况,我认为他的本质是好的,如果与家长配合共同对他进行耐心细致的教育和帮助,他是会改变的,是能从"后进生"行列中走出来的。我所采取的方法和实施过程如下:

(1)平等对待。作为班主任,我知道每个班级总是由优秀生、中等生和"后进生"组成,在工作中你不知不觉宠坏了一半时,同时也失去了另一半。我告诉学生,不管你过去表现怎样,不管你父母是谁,你在班级里就是我的孩子,所有的孩子都会平等地受到表扬和批评。每周的班级综合素质测评,绝不因为你成绩的优劣而增减分,所有同学一律公平对待!让他认识到,我绝不会"特殊"对待他。

(2)就事论事。迟到、早退、抄作业、与老师顶撞……发生一次,找他谈一次,认真帮助他分析错误原因,让他自己找出错误所在,但绝不揭他"老底"。让他认识到,自己确实是错了,绝不是老师故意刁难他。同时,不放松对他的教育,用爱心去关怀爱护,用爱心去严格要求,使他真正理解教师对他的关爱,有利于他形成良好的行为规范。

(3)适时关心、指点他,使他觉得老师在关心、爱护他,这样他才能相信老师说的话。这时候,与他谈论生活、家庭、人生、学习,才能使之对生活充满希望,关心父母,关心班级,对人生重新认识,树立起学习的信心。

（4）信任尊重。因为屡教屡犯,常常导致老师恼怒、父母责怪、同学嘲笑,可能小蒙自己都不信任自己了。我从不用挖苦、讽刺、刻薄的语言批评他,而是积极地寻找他身上的"闪光点"。如外语成绩进步了,对数学、历史的学习有一段时间兴趣浓了,没出现作业不交的情况了,按时值日了等,并以此作为教育转化的突破口和推动其前进的动因。在他通过努力取得成绩时及时肯定,同时又提出新的目标,循序渐进,让他自己去尝试和感受进步带来的成就感,变消极状态为主动状态。经过晓之以理、动之以情、因势利导,使他感受到老师的信任、关爱、尊重和期待,从而渐渐恢复了自尊与自信,消除了自卑和抵触情绪,愿意接受帮助和教育。由此他看到了希望,激发了他要求进步的内在潜力,确立起了不断进步的信心。

（5）鼓励、支持、帮助他克服懒惰、不动脑的习惯。鉴于小蒙没有养成良好的学习习惯和掌握好的学习方法,我帮助他掌握一些基本的学习方法。如根据个人的实际情况合理分配时间、先易后难等,看到他有点滴进步就给予肯定、鼓励,使之坚持不懈,让要求进步成为他的内在需求,变"要我提高"为"我要提高"。在一次谈话中他这样说:"我要真正用心学习,争取在期末考试中考出好成绩,过个好年!"听他说出这样的话,我心里说不出有多高兴。

（6）多方协调,不厌其烦。根据他的问题成因分析,实现转化显然不是一朝一夕的事情,要认清转化过程中的反复性,正确对待、耐心等待,要有长期的计划和打算,不断地调整方法进行教育。我与其他任课老师、家长沟通,大家密切配合,步调一致地对他进行思想教育;让值日班干部加强对他日常行为规范的监督,让各科的尖子生对他学习上进行辅导,同时定期找同学和他谈心,调动整个班集体的力量在生活和学习上给予他帮助,让他能够尽快地融入集体生活之中。经过各方的努力,促使他养成了较好的行为习惯和学习习惯。

五、教育效果

经过一个多学期的具体教育转化工作,小蒙逐渐端正了态度,我想通过几个具体的"小事"来谈谈他的转变:

班级有垃圾未"归位"时,他会主动捡起;英语老师的凳子坏了,他会主动去修,并把自己的好凳子换给老师;课堂上认真听课的队伍又多了一员;在校团委组织的赈灾募捐活动中,他能积极主动参加;据父母反映,他经常为父母分担家务,帮他们买菜做饭……

应该说现在的小蒙,对老师尊重,学习目的较明确,能坚持上课、认真听课,成绩逐步提高。他对生活也满怀信心,冲动的时间逐渐减少,对劳动有了初步认识,值日主动、热心肯干。他的任性、固执得以缓解,办事有目的性,逆反心理减弱。学习和生活的心理状态良好,信心增强,在学习过程中表现非常尽力。我想他基本上已从"后进生"行列中走出来了……

六、教育随感

苏霍姆林斯基曾说,孩子不是畸形儿,他们是人类无限多样的花园里最脆弱最娇嫩的花朵。"后进生"也是花朵,不同的是他们更加脆嫩,更需要倍加爱护;我们常把学生比作早晨的太阳,那么"后进生"就是"迟升的朝阳"。在以后的生活、学习过程中,小蒙的情况也许会出现反复,但是对待"迟升的朝阳",只要爱心还在,只要责任和义务的意识还在,我依然信心满满。因为,尽管升起迟了一点,但升起的——毕竟是朝阳!尽管升起慢了一点,但它毕竟已跃出海平面——冉冉升起……

《学生成长日志》让学生远离习得性无助

魏志军

小俊,我校的一名普通学生,曾经的他沉默寡言,难见笑容,成绩较差,表现一般。然而,在我校全员导师制开展后,他的变化很大。他在《学生成长日志》中记录:"以前的同学看到我,都说我爱笑了。是的,我现在爱笑了,觉得每天都有使不完的劲儿。"看到那曾经冷峻鄙夷的眼神现在荡漾着阳光自信的笑意,听到他期中成绩位居班级第十,我知道,通过《学生成长日志》,小俊已经走出了习得性无助。

小俊的进步代表了我校很多学生的情况。我校学生与二中、红星中学学生相比,学习优秀者相应较少,许多学生学习热情不高,对自身定位很迷惘,在学校诸多活动中表现出退缩不自信。然而,本学期开展的全员导师制,使那些长期陷入习得性无助的学生逐渐走出心理阴影,变得开朗活泼,多方面获得进步。

一、习得性无助的内涵及危害

习得性无助是美国心理学家塞利格曼提出的。他用狗做了一项经典实验:起初把狗关在笼子里,只要蜂鸣器一响,就给以电击,狗关在笼子里逃避不了。多次实验后,蜂鸣器一响,在电击前,先把笼门打开,此时狗不但不逃,反而不等电击就倒地开始呻吟和颤抖。本来可以主动地逃避,结果却绝望地等待痛苦的来临,这就是习得性无助。塞利格曼认为,习得性无助是指个体在某种特定行为情境中对外部事件"失去控制感"的持续经验,是在认知、情绪和行为多个层面引发的消极心理状态。通俗而言,即个人多次经历了失败与挫折后,面临问题时产生的无能为力、丧失信心的消极心理状态与行为。

习得性无助影响动机、认知和情绪方面,导致三种消极行为出现:动机降低,个体懒于进行自主性反应,对活动反应的积极性降低,甚至对任何事情都会有被动消极、不感兴趣的行为倾向;认知受阻,个体形成自己无能为力的心理定势,抑制对新事物的学习兴趣;情绪失调,表现出忧虑、悲观失望、冷漠及抑郁等不良情感反应。

二、高中生习得性无助产生原因

高中阶段相较于初中阶段,功课内容增多、难度加大。可以说,几乎所有学生在学习过程中都会遇到自己无法克服的困难,经历过失败体验。我校部分学生难以摆脱习得性无助,学习情绪处于低谷,原因主要有:

(1)很多学生家境优裕,学习目标不明确,学习无动力。他们认为,既不需要通过学习改变家庭的命运,也不需要通过学习改变自身的命运。因为较好的家境、独生子女特有的待遇,让他们无从明白奋斗的目的和意义。

(2)由于底子薄、基础差、方法不当、意志力薄弱,很多学生学习总是处于中游或下游,学习循环失败,在失败中逐渐丧失兴趣,在挫折中逐渐失去信心,学习被动接受,只等"饭来张口",没有主观努力。

(3)在素质教育轰轰烈烈、应试教育扎扎实实的中国,很多家长和老师对孩子评价过于单一、消极。在不当的教育方式下,消极的评价让学生害怕甚至逃避学习。

如果学生接受的是源源不断的否定的信息、消极的评价,久而久之,这种消极的态度和认识,就有可能被学生接纳为自我评价的标准,使学生形成消极的自我形象,产生无价值感和自卑感,导致内心强烈的畏难情绪和排斥心理,形成不健康的习得性无助。

三、《学生成长日志》让学生远离习得性无助

我校根据学生实际情况,开展全员导师制活动,要求每位教师有自己指导的学生,每位学生有自己的导师。全校2 000多名学生,每天向家长汇报并记录学习情况和学习心得,每周向导师汇报一周以来的学习收获,家长和导师每周联系,就学生的学习情况双方及时交流反馈。由于学校、家长、学生三方面坚持不懈的努力,一个学期下来,卓有成效。很多学生的精神面貌大有改观,学习态度明显改变,《学生成长日志》让学生远离习得性无助。

1."重要他人"使学生淡化习得性无助

"重要他人"是心理学和社会学一直关注的一个概念,是指在个体社会化以及心理人格形成的过程中具有重要影响的具体人物,它影响着个体的

智力、语言及思维方式的发展，指导着个体的行为习惯、生活方式及价值观。如果学生在成长道路上遇见这样的"重要他人"，就可以在学习和心理上得到帮助，沿着正确的方向前进，少走弯路。美国女作家海伦·凯勒正是借助莎莉文老师这位"重要他人"，获得人生的快乐，坚强勇敢地追求生命的真谛。

就老师而言，并非所有的老师都能成为影响学生的"重要他人"。然而，全员导师制的实施，使指导老师变成学生的"重要他人"成为可能。导师制要求每位教师指导12名学生、班主任指导18名学生，每位教师在与全体学生的交流中，势必会对自己的受导学生格外关注，在与他们的联系和沟通中，觉得这是"我的"，并非"他的"，就会拥有更多的耐心和爱心。学生面对导师这样的"重要他人"，心理上会对自己的导师有亲近感，也会觉得这是"我的"，并非"他的"。高中阶段大多数学生都会遭遇学习上的困难及失败，当老师成为他的"重要他人"，他们愿意倾吐在学习和人际交往中的经历，宣泄羞辱、抱怨、绝望等不良情绪；导师在认真倾听学生的喜怒哀乐时给予学生正确的指导，会让学生感受到自身被老师所接纳，认同自己作为个体存在的价值，会慢慢使学生重新认识自我，获得强大的心理支撑，不断超越自己，淡化他们的习得性无助。其实，能够对学生的成长发生积极、重要影响的，往往正是这些具有耐心，善于鼓励、赏识、宽容学生的老师。

2.多元化的评价标准使学生提高自信心

《基础教育课程改革纲要（试行)）》提出：评价不仅要关注学生的学业成绩，而且要发现和发展学生多方面的潜能，了解学生发展中的需求，帮助学生认识自我，建立自信。

全员导师制从"道德品质""学习习惯""意志品质"三个方面对学生给予评价，实行家长每天评、学生每周评、老师每周评，衡量学生在家、在校表现，最大限度地发挥评价的检测和激励作用，而不再是仅仅关注学习成绩。

我班WH同学家长极其关心孩子学习成绩，高二文理分班考试中，WH成绩很不理想，在我们普通班只排到48名，父母恼羞成怒，痛责儿子，并命他立下军令状，如果期中考试没有考到班级前15名，就把他送到中加双语集中营去。孩子很害怕，瑟缩的眼神里满是恐慌，对学习更是貌合神离，结果期中考试成绩更糟。我得知情况后，与家长沟通，让家长明白学习不是一日之功，不能一蹴而就。WH身上优点很多，如集体荣誉感很强，全校运动会上他在脚踝疼痛的情况下仍坚持长跑比赛,劳动积极,对人彬彬有礼,课代表工作认真负责等。家长听到孩子的这些优点,既欣喜,又担忧,因为高考不考劳动和长跑。看到家长实用功利的心理,我找到了WH不自信的原因。我告诉家长孩子成长要多鼓励,要有发展的眼光。在以后与家长联系中,我经常给WH家长的一句话就是"你这个星期表扬孩子几次?"虽然家长坚持己见,但教育方式也在慢慢改变,WH的《学生成长日志》上已经有家长鼓励的话语了,WH也慢慢开朗起来。

导师制多元化、综合性、经常性的评价,改善了师生关系、家长与学生的关系,使曾经的淡漠型或冷漠型的师生、家长与孩子的关系逐渐转变为亲密型,大家更多的了解、信任、尊重,老师和父母对学生的认可、肯定、理解和期望,会在生活和学习上给予学生更多的精神关怀和支持。

3.鼓励、赏识有助于学生克服弱点

导师制提倡教师和家长要鼓励、赏识学生,对学生的鼓励和赏识有助于学生克服弱点,远离习得性无助。

美国心理学家詹姆士说:"人类本质中最殷切的需求是渴望被肯定。"在教育教学中,教师、家长要以积极肯定的态度对待学生,注意引导学生充分肯定自己的优点。当他们获得进步时,及时予以鼓励,帮助他们增强自信心;当他们学业遇到挫折时,帮助他们分析具体问题,坚持正面教育,努力帮助学生学会从失败中汲取教训。如果学生经常从教师和家长那儿得到正确的评价、亲切的关怀、真挚的期望和热情的鼓励等积极的情感体验和评价,那么,学生就会把这种积极的情感体验内化为自尊、自爱和自信,就极大可能使自己的行为朝着老师、家长所期待的积极方向发展。

WR,文理分班后第一天就迟到,我皱着眉头询问原因的时候,他居然没有丝毫的恐慌和愧疚,反而用不屑的眼神斜视着我,单薄的身板挺得笔直。我一看就知道,这是正处于叛逆期的学生,以前经常受到老师和家长的批评。他解释说晚上上网时间久了,所以才迟到,我知道这是一个有网瘾的孩子。通过家访和与家长电话沟通后,我了解到该学生脾气倔、个性强,初中常和老师顶撞,学习上意志薄弱,爱玩电脑,甚至有时玩到深夜,早晨父母上班后闹铃还喊不醒他,常常迟到,早饭也顾不上吃。但是他头脑灵活,为人比较正直。我了解情况后,为他买上早饭,让他课间到我办公室吃早饭。他本以为到办公室是接受更加猛烈的批评,但看到我递给他的早饭后,他震惊

了。我放大他的优点，告诉他，正是因为他身上有那么多的优点，老师才希望他不自暴自弃，而要去做力所能及的事。他心有愧疚、喜悦而腼腆地享用着老师为他准备的早饭，回到家在自己书桌上写道：刻苦勤奋，力争进步。我对他亲切的关怀、真挚的期望让他感受到自身的优点和价值。后来，虽然网瘾难戒，有时早晨他还是迟到，但他再也不和我僵着脖子说话，不与其他老师发生冲突，劳动也积极了。

美国国家航空航天局大门上写着这样的豪迈宣言，"只要人类能够梦想的，就一定能够实现。"身为教师，让我们悉心呵护学生每一个飞翔的梦想，真诚记录他们飞往理想的每一条痕迹，让学生在导师的正确指导、家长的督促下，逐渐唤醒自身的信心，远离习得性无助，飞得更远、更快、更高！

在学习中成长

鹿　秀

在学校全面推行的"学生成长导师制"工作中,我成为13名学生的导师,实施导师制最直接、最经常的工作,就是每周一次检查受导学生的《学生成长日志》。惶恐之至！因为在此之前,我对导师制的认知仅限于"道听途说"。三个多月的导师工作经历,我对导师制由陌生到熟悉,但仓促间理论未明、实践未深,更远没有达到理论与实践相结合的程度。

以下关于导师制的认识,只是我在假期给自己"补课"的所得与所思。

一、学习

(一)导师制的历史及理念

导师制由来已久,原是在高校实行的一种教育制度,如大学为每名研究生配备一名导师,与学分制、班级制同为三大教育模式。中学生成长全员导师制,是指学校为每一位中学生配备指导教师,为其提供学习、生活、交往等方面的帮助与指导,引导全体学生主动、持续、和谐发展的一种新型教育运行机制。建立中学生导师制,可以帮助中学生解决学习、成长中的困惑与矛盾,从而更好地实施个别化教育;通过导师的言传身教,更好地促进学生健康发展,其教育理念是全员育人、全过程育人、全方位育人。总之,为了一切学生发展是实施学生成长全员导师制的初衷和目标。早在1998年,南京一中就在全国率先实验推行了中学生成长全员导师制,成效显著。现在,更多的学校在推行和实施中。

(二)导师工作原则

(1)个性化原则。承认学生的个体差异,高度重视学生的个性,善于发现个性、研究个性、发展个性。

(2)亲情化原则。建立民主平等的师生关系,尊重学生,和学生交朋友,给学生以父母般的关爱,导师应成为学生的良师益友,发现学生优点、成就,鼓励学生进步。

（3）渐进性原则。遵循青少年学生的身心发展特点和认知水平，循序渐进地实施教育。

（4）实效性原则。建立工作机制，加强过程管理，注重工作实效。

（三）导师工作方法

（1）"身教"育人、人格熏陶。导师只有重视自身的人格修养，注重身教，才能以自己的模范人格为学生树起前进的目标，导师应以自身的人格魅力"随风潜入夜，润物细无声"，潜移默化地影响学生人格的塑造。

（2）交流谈话、心理相容。导师通过经常与学生谈话，以多种方式与学生交流，走进学生的心田，建立心理上的认同，达到心理相容，从而进行有针对性的教育和引导。可以根据导师自己的特点与学生的特点运用有特色的交流方式；可以有意识地将心理健康教育理论和操作技巧运用到导师制工作中，运用行为科学的可操作性的技术来矫正学生的问题行为；可以通过周记、书信等方式和学生"笔谈"，帮助学生解决问题，培养健全人格；可以利用学校网站的论坛、电子信箱和学生交流、沟通，了解学生的喜、怒、哀、乐，为学生分担烦恼和忧愁。

（3）引导学生自我教育。导师创造条件，培养学生自我评价和自我认识的能力，激发学生自我调节的内部动机，通过学生对自己心理和行为上积极主动的自我调节，达到学生自我教育和自我管理的目的。

（4）教育与研究相结合。导师把教育学生看做是一项日常工作，同时也是一个研究课题，对于所引导的过程与效果进行记载、分析，撰写个案分析材料，定期开展研讨，促进理论与实践的交流与完善，不断提高"导"的水平。

（四）导师工作职责

导师工作职责可以归纳为"思想引导、行为训导、学业辅导、生活指导、心理疏导"，具体有以下职责：

（1）引导学生树立正确的人生观、世界观、价值观，培养和提高学生的思想政治素质。

（2）帮助学生形成良好的道德品质，经常检查和督促学生的行为习惯。

（3）负责学生的学业指导，指导学生掌握良好的学习方法，培养良好的学习习惯,帮助学生解决学业上的困难。

(4)帮助学生解决生活、生理、心理上的困惑,做学生生理方面的长辈、心理上的医生、生活中的益友。

(5)经常与学生家长沟通,全面了解学生的家庭情况,积极争取多方协作。

(五)相关工作制度

(1)建立学生成长档案制度。为每位学生建立成长记录档案,追踪学生成长轨迹。内容包括:学生家庭及社会关系详细情况;学生的个性特征、行为习惯、道德素养、兴趣爱好的一般状况;学生心理、生理、身体健康状况;对学生每月的表现及每次考试成绩逐一登记,分析对照。

(2)谈心辅导与汇报制度。每周利用适当时间,与受导学生集体和个别谈话一次,并记录辅导内容;查看学生一周《学生成长日志》填写情况,并给予点评。

(3)建立家长联络制度。每月至少一次电话访问,每学期至少一次家访,导师必须对学生本人及其家庭有清晰的了解,对家庭情况进行简要分析,包括家庭结构(单亲、重组家庭更要作为重点)。

(4)建立个案分析制度。学校集中组织导师进行个案分析,必要时对重点案例进行集体会诊,提出解决办法。

二、思考

(一)导师制实施后的成效预见

通过理论学习以及对成功案例分析,中学导师制一定会取得如下成效:

(1)教师教育观念的转变。在很多老师普遍感到今天的学生越来越难沟通、理解,越来越难教的情况下,学生成长导师制活动的开展将会转变老师的教育观念。老师从教"学"走向导"育",自觉地把自己从学生的"学业教师"转变为"人生成长导师"。老师开始能正确地看待学生,遇到问题更习惯于换位思考,更善于倾听学生心声和发现他们身上的闪光点。

(2)教育方式方法的创新。导师制采用师生结对的形式,在活动中,导师自觉增强了教书育人的责任感和荣誉感,充分发挥了自身的主观能动性,使教育方式得到创新;从原来单一的口头教育,拓展到利用电话、网络、书信等多种形式的媒体对学生进行人文关怀,调动了学生的积极性;把道德教育、心理健康教育、特殊教育、学业辅导、生活指导融为一体,让学生真正体会到成长的快乐。

(3)师生感情更加融洽。导师不再是"居高临下"的"说教者",而是学生的朋友、参谋,与学生平等相处、坦诚以待。导师经常用谈心形式关注学生的生活,师生间的感情更加融洽。

(4)家校育人氛围明显加强。导师制活动开展后,家校联系频繁,导师与学生家长的常态化沟通,一定会取得家长的信任、支持和理解,不仅让他们因为多了个关心自己孩子的教育者而感动,也在沟通中使家长确立了正确的家庭教育观念,掌握了科学的家庭教育方法,提高了科学教育子女的能力。

(5)学生的潜能被充分发掘。导师制为所有学生的健康成长创造了良好的外部环境,尤其是一些特殊学生,可能会在导师的爱心与耐心的感化下,端正人生观、世界观,找回信心,提高学习的兴趣,积极健康的成长。那些平时教师较少顾及的各方面表现一般的学生,课外也能得到导师的个别帮助,他们感受到受到重视的幸福,从而加快了前进的步伐。

(二)合格导师应具备的条件

(1)有资历。导师如能成为学生信服的"榜样"或"楷模",发挥表率作用,那么对学生的指导效果将会大大提升。这一条件应该说所有的老师都基本具备,但如果能不断取得新成绩、新贡献,常常在教师获奖栏中"榜上有名",你在指导学生时的说服力就一定是巨大而有效的了。由此感到,当导师也是对教师自我成长、自我提高的鞭策!

(2)有口碑。要有正确人生价值观和良好的品行,在学生中有威信、有口碑。满足这一条件的导师,也是严格规范自己为人师表言行的人,热爱祖国、热爱社会、热爱生活、热爱学生,言行一致,积极上进。现实生活中有许多无奈,但面对学生,要教育他们追求真、善、美,让自己是真、善、美的追求者、践行者!

(3)有意愿。我们一定要积极地配合学校推行的这项教育举措,理解导师制的意义,要有真诚地帮助学生成长、发展的意愿,因为指导意愿直接决定指导的质量。

（4）有能力。对大多数老师而言，导师制是新鲜的、陌生的，所以我们要主动及时地学习、反思、总结，尽快让自己面对学生成长中遇到的问题和困惑时，有自信、有能力把自身积累的丰富经验和阅历，通过诸如反思、问问题、质疑和反馈等方式顺利有效地传授给学生，并且激发他们自己做出正确的选择和决定，达到导师的指导目标。

（三）实际工作中遇到的问题

（1）分配的受导学生过多，班级过多。如我的13名受导学生来自五个班级，文科两个班级四人，理科三个班级九人。文科班级一周三节课，与学生相处的时间相对多些，对四个受导学生的情况很快熟悉，对他们的指导工作开展起来比较顺利；理科班级一周两节课，学生偏多且班级分散，没有足够的时间和机会细致全面地了解每一个学生，也很难和他们集体或个别谈话交流。

（2）部分学生和家长对导师制不了解，没有基本的配合。现象很明显：有的学生不按要求上交《学生成长日志》；有的《学生成长日志》过于简略、无话可讲，或者抄录名言警句来应付……他们不愿意和指导老师交流，不愿在老师面前吐露心声；家长能主动联系指导老师的更少，他们还是更加愿意到孩子班主任那里寻求帮助。

（3）导师和受导学生匹配不合理。作为文科老师，却成为九位陌生理科学生的导师，自己都感到有些尴尬。从家长和学生的角度看，他们是希望导师能更多地给他们的学业进步带来直接的收益，可非高考科目的指导老师能给他们什么呢？第一反应就很失望的学生和家长，对导师的工作不配合就可想而知了！

因为缺乏科学匹配，有时老师个人的工作风格与特点对有些学生也难以施展和发挥，"因材施教"的难度人为增加。

（4）技能欠缺，时间紧张，疲于应付。教育是要技巧的，导师制所关注的不仅是学业上的问题，更多的是个人问题，更要求对不同学生实行个性化指导，其中充满技巧和技术（也就是上文中的能力）。研究学生、制订策略、因材施教，需要的不仅是责任心、爱心、智慧，还有精力和时间，同时还需要不断地学习、交流、总结、提高。可是完成教学工作后，老师每天剩余时间不多，学生的时间则更少，许多指导工作无法开展。

三、希望

在教育工作上,任何成就的获得都需要教育者付出不懈的探索和努力。从他校成功的案例中,我看到了导师制的卓有成效和广阔前景,坚定了去实践它的勇气和信心。问题永远存在,不能停留在为难情绪中等待,我愿意挑战自己,在学习中成长,在实践中提高。作为学校德育工作的新举措,希望学校在这项工作的规划上更科学,制度上更完备,措施上注重实效和长效,检测中体现人文和发展。

希望学生成长全员导师制的推行能让我们的学生健康成长,能让校园充满关爱与和谐,也希望导师制的展开能够成为振兴二十二中的有力推手,让我们的校园永远朝气蓬勃、欣欣向荣!

导师要走进学生的心灵

姚卫国

学校在2011年施行了导师制,一个学期我认认真真地做了20名同学的导师。我认为导师制绝不是让学生和老师一起完成《学生成长日志》那么简单,导师要走进学生的心灵,要成为学生倾诉的对象。

一、让学生开口说,做一位聆听者

能让学生在你面前开口说出心里话,不是一件容易的事,其中要做的细节很多。班级有十几名学生选择我做导师,我首先要做的是加强我们之间的信任。HY是一名"后进生",学习中有一些坏习惯但思维活跃,是一个很聪明的男孩。我决定到HY家家访,家访前我向各科老师询问HY的学习情况,听到了不少关于HY不听课、不遵守纪律的事情,但这些我都没在意,反而有意收集了各科老师反映HY的聪明事例。家访的时候,我、HY、家长一起谈心,谈学习的意义、学习中可能会遇到困难,把HY的聪明放大后谈了起来,并对HY提出具体的学习要求和期望,HY的问题只是点到为止。那次家访我与HY建立了良好的私人感情,取得了HY的绝对信任。从此HY见到我不是那种畏缩模样,他开始慢慢热爱学习了,渐渐地愿意和我交流自己和班级其他同学的学习情况了。我很清楚地记得进班的成绩他是倒数第二,上次联考他的成绩已经进步为班级第四名。

交流是与学生心灵沟通的第一步。良好的交流需要一个载体,同时交流要常态化。在具体指导同学们写《学生成长日志》时,我要求所有受导的同学在《学生成长日志》的一周回顾栏目中要写观察笔记,内容不限,可以写自己也可以写班级其他人,可以总结学习经验也可以写学习上遇到的困惑,但一定要真实、具体。通过阅读笔记,我可以很方便大面积地了解学生的心态和班级的状况。记得一次在批改HH分析自己学习成绩的笔记时,无意中发现他对物理和数学的学习信心很足。其实按老师掌握的成绩来划分,HH各科成绩都很差,但我要守住他内心这份自信,并且以此为突破口不断鼓励他学好这两门课。一段时间后,我发现他的物理、数学成绩稳步提升,其他科目成绩也有起色。其实,学生内心的一点自信就是我们重点保护对象,学生内心的一点自信就是引导他们战胜自己的突破口。

二、让学生学会计划,做一名指引者

叶圣陶先生曾说过,学生必须养成良好的学习习惯。为了培养学生良好的学习习惯,我要求同学在《学生成长日志》"重要事件记载"栏目列出每日学习计划,计划要具体,切不可豪言壮语长篇大论,并要求养成一日事情一日了结的习惯,所以写计划时一定要考虑到时间、精力问题,不要超过自己的能力。写计划一定要坚持,每天几件小小的事情,看似很小,如果能长期坚持,必成大器。日积月累,不断地夯实基础,不停地扩展视野,结果必定是"士别三日,当刮目相看!"我经常告诉他们:一个有计划的人,必定是一个勤奋的人、一个有思想的人、一个做事有条不紊的人。

三、让学生有信心,做一名激励者

谁拥有自信,谁就成功了一半。一名学生拥有自信就会有强烈的进取精神,不惧怕任何困难,不害怕任何挫折,从而以坚韧不拔的意志去奋斗、拼搏,努力争取实现自己的目标!作为同学们所信任的导师,有责任、有义务培养学生的自信。FX进校成绩很不好,多少次他想努力搞好学习但效果不明显,渐渐地失去了自信,产生了厌学情绪。我知道情况后,先后五次到他家和他谈心,并且与他制订了今后的学习计划,每周在《学生成长日志》的"指导教师简短点评"栏目适时鼓励他,告诉他现在努力还来得及。我还积极与各科老师沟通,让每位教师多注意这位同学,问他一些难度适中的问题,及时在同学面前表扬他,使他能够体会到自己努力后成功的愉悦感。很快他的成绩有了显著提高,他在学习中找到了乐趣,厌学的情绪也一扫而空!

四、让学生受督促,做一名爱的使者

爱永远是教育的真正内涵。如果没有爱,任何说服都无法开启一颗封闭的心灵;如果没有爱,任何甜言蜜语都无法打动一颗冰冷的心。导师走进了学生的心灵,和颜悦色谈心是一种爱,激动人心的鼓励是一种爱,殷切的期望是一种爱,细致入微的督促和检查同样也是爱。我在培养学生学习积极性的时候,经常提醒他们将各科每次考试成绩和排名及时填写在《学生成长日志》的"学生学科成绩"栏目中,这些成绩很直观地记录了学生进步和退步,很容易让学生找到自己的薄弱学科,也很容易激发学生的学习热情,我也能及时了解、检查每一位受导学生的学习情况。导师只有充分了解学生各方面的情况,指导才有针对性,才能让受导学生感觉到检查不是处罚、讥讽,而是一种关心,是一种爱。

润物细无声

程 娟

我们平时的学校教育中,学生眼里的班主任和任课教师是不同的。班主任掌握着班上所有学生的资料,对学生个人、家庭等情况都有较全面的了解;平时推选谁参加校内、校外活动,班主任可以说了算,期末评先、评优,班主任有决定权……班主任参与学生学习生活的方方面面,学生比较信赖、敬畏班主任。任课老师大多只是到了该上课时来上课,并不参与班级日常事务的管理,自然让学生感觉到任课老师不如班主任"权力"大、说话有分量,从而就会出现"班主任课上一个样,任课老师课上另一个样"的现象,有些学生甚至会对任课老师的要求大打折扣,课堂纪律也明显松懈许多。在任课教师看来,学生由班主任管理,对学生进行德育教育是班主任的事,自己分内的事就是上好课,其他的与己无关。任课教师认为班主任需要既"教书"又"育人",而任课教师可以只"教书"不"育人",有时就是自己有心去管,又觉得"名不正,言不顺",学生也未必能接受。

我们大力倡导素质教育,究竟何为素质教育呢?借用一位哲学家的话:播种一种行为,收获一种习惯;播种一种习惯,收获一种品格;播种一种品格,收获一种命运。思想品质、道德人格要比知识的获取、谋生手段的训练、竞争能力的培养更重要。要做到这一点,学校德育工作就要真正落实全员育人,变部分人的德育为全员的德育。

这样的大环境下,我校提出了全员育人导师制的先进理念,让老师担任一些学生的德育导师。实行导师制后,要求每个导师对学生进行辅导,包括心理疏导、交往指导、学习辅导、行为引导、观念训导。要求认真倾听学生的心声,承认学生的个性差异,尊重学生的身心发展特点和认知水平,及时帮助学生解决成长中遇到的困难和困惑,做学生思想上的指引者、学习上的辅导者、生活上的指导者、心理上的疏导者。

我也成为了20名学生的导师,现就一学期的导师工作,做个别案例分析。

【案例1】

CY,男,他的父亲长期在外经商,母亲是家庭妇女,文化程度不高,所以在对孩子的教育与引导上有所欠缺。CY本人在学校表现良好,能够做到遵守学校的基本规章制度,团结同学,热爱集体。虽然他本人非常希望成绩能够有所进步,但是由于学习不够自觉,方法欠妥当,成绩始终徘徊在班级中下水平。

一、存在的问题及对策

(1)作业书写一般,格式不规范。通过详细地分析作业中存在的缺点和漏洞,让他了解自己的缺点。通过讲解,使他知道应该如何提高解题能力。同时与家长相配合,督促他自我反思。在平时书写时,监督他养成良好的书写习惯。

(2)偏科严重,学习缺乏动力。通过与别的科任老师配合,加强各科作业的检查力度。与家长一起分析问题的原因,让家长改变原有的引导与教育方式。通过与家长的配合,制订合适的作息时间表,由家长负责监督并实行,使他能够在较短的时间内养成良好的学习、生活习惯,提高学习效率。

(3)基础不扎实、粗心,成绩不理想。分析出现这种状况的原因,一方面是由于性格,更主要的是因为对题目重视不够且没有足够的训练。通过推荐偏重基础的习题,强化基础知识,同时通过大量练习,以及家长的监督与约束,使他逐渐养成细心的良好习惯,这不仅对他的学习颇有裨益,更能提高他的办事能力。

(4)缺少自信,学习缺少冲劲。通过交流,发现他身上的闪光点。用一种赞赏的方式看待他,使他认识到自己是独一无二的,从而树立起信心。

二、反思

(1)通过这次"一对一"的教育,我发现很多学生都有学习的潜力,关键在于适当的引导以及让他树立起自信心。

(2)教书育人,重要的是耐心与包容心。要能够包容学生,还要有足够的耐心去帮助他解决遇到的问题。学生毕竟是孩子,即使表面再坚强独立,内心仍然需要大人循循善诱的引导。我们正是要以这种关爱之心引导、启发我们的学生。

【案例2】

BH，女，父亲在外地工作，和母亲一起生活。平时尊重老师，待人诚实，与同学相处较为融洽，喜欢集体活动。学习成绩不够稳定，一般处在班级中等水平。高三阶段学习压力大，可是该生不能很好地处理学习和课外活动的关系，经常使用手机上网，学习成绩逐步下滑，学习兴趣减退，找不到兴奋点，找不到自己的目标。母亲的教导方式比较单一，引起孩子的反感。

一、辅导策略

（1）平等沟通，全面了解学生。我以平等的心态、朋友的身份，加强跟该生及其家长的交流、沟通，全面了解学生的兴趣爱好、学习安排、生活情况，细心听取家长的倾诉，了解家长教育的方法和遇到的主要问题。

（2）尊重学生，循循善诱。该生自尊心比较强，母女关系相对紧张。因此，从母亲那里了解到她的不足和缺点，我没有直截了当指出，而是采取旁敲侧击的方式。对玩手机、上网花费过多时间，我鼓励她要善于借助电脑学习知识，但互联网信息量大，良莠不齐，不注意自我控制和筛选会浪费时间和精力。同时，对高中生上网热抱着宽容的心态，不歧视、不仇视，而是劝导她注意控制上网时间、内容、方式。对不听父母劝告的情况，一方面让她了解母亲的唠叨是爱儿心切的反映，让她用理解、宽容的心态对待家长。另一方面又帮助家长树立正确的教育观，改进方法，避免急于求成、简单粗暴，使学校教育和家庭教育相协调。

（3）及时赞赏，激发动力。美国著名心理学家詹姆斯说过，人性中最深切的本质就是被人赏识的渴望。高中生，特别是学习成绩不突出的高中生，在应试教育的环境下得到赞赏的机会较少。他们更渴望被欣赏、被赞扬，特别是老师的赞赏和认可。该生尊重老师、待人诚实、性格开朗，学习成绩不够理想跟她的学习方法有关。因此，我以赞许的心态和她沟通，对她各方面优秀的品质给予肯定和赞扬，让她体会被肯定的喜悦。

二、反思

（1）导师制让老师真正走进学生内心世界，使教育普遍规律和学生丰富多彩的个性相结合，是检验和提升教育理念和教育水平、实现教书育人目标的有效途径。导师制不仅让帮扶学生受益，也有助于导师提高教育水平，同时也为学校做好学生工作注入了新的活力。

（2）导师要以德为先、以导为主。德为才之帅，"有德有才是精品，无德无才是庸品，有德无才是次品，有才无德是危险品。"教书育人，就应多出精品，不出危险品。在应试教育的背景下，成绩决定一切，德育容易被忽视。因此，德育导师在帮助学生时，要注重学生品德的塑造、情感的熏陶、人格的健全、毅力的培养、动力的激发、压力的释放。在方法上，要注意疏导、引导，要平等地对待学生，以关爱之心打动学生，以宽容之心包容学生，循循善诱，循序渐进。

康德曾说，这个世界上唯有两种东西能让我们的心灵感到深深的震撼，一是我们头顶上的灿烂天空，一是我们内心崇高的道德法则。学校是培养人、发展人的地方，全员育人导师制必将使我们学校更富有生机。相信全员育人导师制必将如春雨"润物细无声"，在学生纯洁无暇的心里种下美好的种子，开出人间最绚丽的花朵。

第四章　探索之步

高考前的"波动男孩"

后勇军

导师制以个性化的教育方式,是落实以人为本、全员育人的有效手段。通过本学期的参与,感知导师制魅力,结合导师制活动,借助个案分析,进行反思。

一、学生基本情况

TF,男,父母在银行工作,家庭经济条件较好,父母对他期望较高。该生性格内向,做事认真,喜爱运动,有想法,思想上积极要求进步。

二、存在问题

一次比赛:高三前的暑假,他参加了一次乒乓球比赛,当时自信满满,他极度渴望成功,想借助比赛证明自己。因为这样的想法,比赛中过于紧张,结果成绩不理想。

二次模拟考试:进入高三后,两次联考成绩不理想。虽然制订了详细的复习计划,由于不能坚持没有完成,而是每天都幻想毕业后的疯狂、未来的美好和现实的困惑,对自己产生怀疑,有焦虑感。

三、针对性措施

1.加强交流,走进心灵

我首先帮助他分析这些情况是高考前正常的心态变化,告诉他多数同学都有以下表现:

(1)焦虑问题:原因是动机过强而自信心不足;

(2)情绪问题:有点自卑,没有信心;

（3）怯场问题：由于紧张导致发挥不正常；

（4）状态问题：由于疲劳和懈怠影响学习效果。

2.调整状态，制订计划

（1）保证充足的睡眠，摄入充足的营养，适时进行体育锻炼；

（2）不断调整复习方法，针对不同的学科，有计划地根据自己的情况制订复习方案，做小方案、小练习，提高学习效率；

（3）重视课堂听课，与学科老师联系，学与问结合，抓基础、促能力；

（4）放下包袱，以平常心对待高考。

3.加强联系，形成合力

及时与他家长联系和沟通，从生活和心理上多关心他，经常与他交流，了解他的想法，告诉他一些应试技巧，先易后难，各个击破。

四、收获和反思

结合该案例，我对"亲其师，信其道"有了深刻的感悟，要让学生走近自己，首先要了解学生，主动亲近学生，缩短与学生的心理距离，成为学生的良师益友。同时，我考虑：高三复习过程不仅要关注学生的知识整合，课堂教学中更要关注学生的心理引导，只有知识、能力和信心的组合才能应对高考。因此，建议学校安排定时对高三全体学生进行心理辅导。

努力矫正他的逆反心理

汪忠森

春天来了,万物萌发,知时的春雨随春风悄悄洒向人间。青春年少,困惑常在,学生需要帮助时,我们教师如能及时出现在他们身边,恰当地帮助他们、教育他们,师生关系不是更和谐吗?学生的发展不是更顺利吗?

我校导师制的实行让这一切成为可能。"以人为本,因人而异,尊重个性,面向全体"的理念,着眼于学生的成长发展,关注学生的精神生活质量与个性化学习需求,让每一位学生都得到全面、和谐、可持续的发展。

我既是班主任,又是18名学生的导师。陪伴他们成长和学习的过程中,我收获颇多,下面想借一个案例谈谈我在导师工作中的心得体会。

DR,高三学生,聪明敏捷,是个很不错的学生,但他偏理科,学习习惯不太好。我全面了解他的一些情况后,开始着手帮助他。有一次在课堂上,他在玩转笔。我走到他跟前说,上课别玩转笔,集中精力。我很清楚记得他当时很不耐烦地看了我一眼,带着不屑的口吻说,"我没转笔",头扭到另一边不理睬我。我没想到他是这种反应,有点生气。等到下次他转笔时,我逮了一个现行,他的反应又一次出乎我的意料。他稳稳当当地坐在椅子上,歪着头,把笔递给我:"那你没收吧。"冷冷的话语、不屑的语气、桀骜不驯的眼神,让我再次无语。我马上意识到这是一个逆反心理非常强的学生,这种学生其实潜意识里非常渴望老师关注,需要老师更加用心地帮助他、关心他。

心理学认为,"逆反心理"是人对某类事物产生了厌恶、反感的情绪,做出与该事物发展背道而驰的行动的一种心理状态。学生的"逆反心理"是一种消极的抵抗心理,这种心理一旦产生,就会形成一种固定的思维模式,对教师及家长的教育乃至所有的言行持否定态度,久而久之可能导致矛盾激化。老师发现"逆反心理"的学生,不能生气、恼火,更不能严厉训斥,应及时采取措施,予以疏导。

为了矫正他的逆反心理,我采取了以下措施:

(1)宽容。天空收容每一片云彩,不论其美丑,故天空广阔无比;高山收容每一块岩石,不论其大小,故高山雄伟壮观;大海收容每一朵浪花,不论其清浊,故大海浩瀚无比。教育需要一定的宽容,宽容中的信任和等待,有时比惩罚还起作用。学生做错事,多是出于无知、幼稚,老师需要给予充分理解和宽容,等待学生认识错误、改正错误。遇到他犯错的时候,不当场批评,而是静静地站在他身边,让他意识到自己的错误。

（2）付出爱心。"一切最好的教育方法,一切最好的教育艺术,都产生于教育对学生无比热爱的炽热心灵中。"爱心是温柔的力量,可以穿透人的心灵。因此,我尝试用爱心待他,用真诚待他,走进他的内心,成为他心中可亲可敬、可以推心置腹、无话不谈的朋友,从而顺利达到教育和引导他的目的。

（3）尊重学生,培养信心。教育成功的秘密在于尊重学生,特别注意观察他身上的积极因素,抓住"闪光点"及时表扬他好的思想和行为,激发他的自尊心,逐步唤起他追求进步的渴望。

（4）家校配合,双管齐下。善于和家长进行深入全面的沟通和交流,首先让他们了解孩子形成逆反心理的原因及危害,并提供一些教育孩子的方法。教育是世界上最生动、最有创造性的事业。我很欣慰自己能够以导师的身份守护在他们的身边,陪伴、鼓励、督促他们,分享他们的快乐,分担他们的苦恼。宽容是最好的武器,尊重是最直接的关怀,DR同学现在表现优异,成绩已上了一个新台阶。

一个让导师无所适从的学生

刘爱和

一、学生基本情况

FR，男，高一学生，父母为马钢职工。该生性格外向，好动，自制力差，表现为上课安静不下来，无法集中注意力，爱讲话，小动作不断，影响周围同学听课，同学怨声载道。表现欲极强，常常哗众取宠，影响教师组织教学。有早恋倾向，暗恋本班一女生，甚至向女生表露自己的情感，班主任感到很棘手。《学生成长日志》总是记一句话：今日无事。

我成为FR同学导师后，发现该生审美倾向与其他同学不太一样，他常常把自己的头发弄得很乱，衣服穿得也很邋遢。为了找到他的症结所在，我侧面了解了他的家庭情况和毕业的初中学校，发现他的这些表现早在小学就初露端倪，父母也无可奈何。为了配合班主任工作，我仔细分析了FR的种种表现，发现该生行为有一个共同的特点：好表现自己。从心理学角度分析，"表现自己"是他以上行为的源动因。上课讲话、哗众取宠、早恋等一般学生都视为违规的行为，却让FR的"表现自己"有了引发别人注意、吸引他人眼球的可能。因此，该生是一个表现欲极强的孩子。

二、教育过程与施导策略

对于一个表现欲极强的孩子，我们绝不能逆其道，通过强力遏制他，这样会触发他更为强大的逆反心理。但如果一味纵容他，也会使他表现欲更加强烈，使他跌进不可自拔的深渊。因此，指导该生需要一个"专家会诊"式的教育过程，操之过急只会适得其反。

1.满足他的表现欲

满足他表现自己的欲望，但有所控制，让该生的表现欲向着有利于自己成长和班级和谐的方向发展。我和班主任及授课教师交流了自己的看法，让他在班级有表现自己的空间。地理老师让他做了课代表，这样他的表现欲就有了展现的平台。课堂上，老师们尽可能让该生回答问题，让他有表现自己的机会。班主任创造条件让他在班会中发表自己的观点，学校开展的活动让他主动地参加,使他表现自己得到充分的发挥。

2.实行静心教育

学习不仅需要激情,更需要静心的耐力,而后者更重要。如果一味迎合该生的表现欲,最终也很难促进其健康发展。对于一个表现欲极强的学生,让他很快养成静心的习惯是不切实际的。因此,给他开的静心药方必须是中医的疗法,这样才能治本。

首先从规范写《学生成长日志》做起,让他在日志中养成静心的习惯。学会观察生活并及时记录自己的所思所感,这种反思也是一种修身养性,能逐渐培养一个人的定性。我在指导该生写日志时,让他尽可能写一写自己的想法,不限定他写什么。开始,他只写了一些日常接触的事,很零碎,也不丰富,我以鼓励的方式表扬了他的每次进步。时间长了,他写的内容慢慢多了起来,由当初的流水账到开始反思班级、社会中的一些现象,我看到了他心态的转变。这是一种令人惊喜的变化,也是该生成长的起点。为了保护他的自觉、自省,我逐渐提出了一些更高的要求。该生日志交得及时了,作业完成也及时了。

其次,对他的学习进行规范指导。认真听课、按时作业,对于一般学生来说是基本的要求,而对于 FR 来说,这又是一个高起点要求。为了矫正他上课不专心的毛病,我和班主任商量,让他独自坐周到的一个座位,这样他就没有了讲话的对象,表现的机会便隔断了。但这也会带来一个弊端,他被边缘化,这会对他的自尊心造成伤害。为了避免冷暴力,班主任在他的周围特意安排了一些学习品行良好的女生,净化该生周边的学习环境,让他感到同学的温暖而又不至于过热,这种安排,很快就使该生上课渐渐安静了许多。

按时作业这一环节必不可少,因为作业完成的好坏决定了他学习效果的巩固与提高。按时作业需要全体授课教师的关注,指导教师参与其中,及时抽查、督促该生完成作业。一旦发现该生作业拖拉等情况,指导教师就及时指出,限期完成,这个原则不能放弃。按时作业也是让他静心必不可少的手段之一。

3.家校合作,形成合力

家庭是孩子健康成长的重要组成部分,良好的家庭教育是孩子良好习惯与品行养成的关键。一个孩子养成不良习惯与家庭教育有必然的关系,我与该生的家长交流中发现,过分的放纵和溺爱是该生表现欲膨胀的直接原因。家长甚至对该生的早恋也趋于认同,这让班主任和指导教师感到很棘手,也很无奈。为了向家长表明我们的担忧,求得理解与帮助,我们列举了许多类似情况的案例,向家长阐述了这种放纵教育的危害性。晓之以理,动之以情,经过反复沟通,终于使家长认识到问题的严重性,他们积极行动起来,配合我们做好孩子的思想疏通工作。经过一个学期的通力合作,该生终于能静下心来,好表现的个性也正常起来。

三、反思

通过和FR同学一学期的接触,我深切感到,要改变一个人,特别是学习习惯、品行不端正的学生,是一项艰苦而长远的工程。作为一名教育工作者、人类灵魂的工程师,要做到名副其实,必须要具备四"心":爱心、耐心、真心与细心。

爱心是指导教师能积极开展此项工作的前提和动力,因为对于一个学困生,他的种种表现会让你很烦、很闹心,如果没有爱心,你不会真正付出情感,也就无从获得学生对你的感情,没有感情的教育必然是不成功的教育。

具备了爱心,只是此项工程的基础,要想扭转一个学困生,足够的耐心是关键。学困生在步入正轨前,往往有许多反复,他们会在某个时候又回到起点。此时,你看到自己付出的心血付诸东流,会感到十分挫败,如果没有耐心,就会前功尽弃。耐心会使你朝前看,使你坚信你的教育对象一定会改变自己,你就会朝着自己的方向艰辛地走下去。

真心是支撑你教育信念的根基。只有抛开任何世俗的偏见,把教育对象当成自己的孩子,你就会达到忘我的境界,就会为教育对象的每一次改变而自豪。有人说,教育就像农业生产,它相对于工业而言,更需要我们具备百倍的使命感,需要每一个教育者潜下心来,抛开功利性,做好长期备战的准备,甚至还有来自社会、家庭和学生家长的误解。

有了前面所述的三心,就具备了改变一个孩子的基本条件,但要想走向成功,细心必不可少。我们面对的教育对象大部分是青春期的独生子,他们形成的习惯与品行是长期的结果,而且变化多端,任何一次挫折都会使他们反复。如果我们少了细心,就不会察觉他们的细微变化。因此,我们要像农民看护田里的禾苗一样,时时刻刻关注他们的变化,并根据他们的变化调整教育的策略,这样才能做到对症下药,才会有疗效。

总之,作为一名优秀的寻师,只有具备"四心",方可改变你的教育对象。

我可以关注你吗

鹿　秀

钱亮（化名），高三（10）班借读生，是我指导的学生之一。一学期下来，他没有一次交过《学生成长日志》，我这个导师自然没有在他的日志上留下片言只语。

事情要从导师制工作开始的第一周说起。当组长将《学生成长日志》第一次交上来时，我发现钱亮未交，组长说她问过钱亮，但他拒绝解释。于是我找到他，他态度还好，说是周末在乡下爷爷奶奶家，《学生成长日志》落在那里，父母在外地，本周是取不回了！对他这样"合理"的解释，我只有"合情"地表示接受，但叮嘱下周要带回，且将本周日志补记上去。

第二周，他又没交，我又找到他询问，他说本周因父母来看他，所以就没回爷爷奶奶家……。我看着他，比我高出很多的一个十八九岁的大男孩，一定是很要面子的，我不能去怀疑他，于是叮嘱了一番，放过了此事。

后来每当交日志的日子，钱亮很明显地开始躲避着我。我们之间不像是老师与学生，更不像是指导老师和受导学生之间的亲近关系，却像是猫与老鼠，或者是讨债者和躲债者之间的关系了！我颇有些沮丧！如此不配合、不信任的关系，他交了日志又能起到什么作用呢？恰逢那段时间学艺术的学生纷纷外出求学，我在他班所带的受导学生中超半数的人都出去了，日志已不可能都交上来了，而钱亮也浑水摸鱼，绝口不提日志的事了！

高三的生活，紧张忙碌，时间飞逝。转瞬间期末将至，按学校的布置，我让学生注意填写日志，以备随时上交！这时候在我的名单中，钱亮已是被淡化、忽略掉的一个名字了。可是，一次偶然的机会，却让我了解到一个没有想到的钱亮。

和一个受导学生谈话时，她忽然问我：老师，为什么钱亮的日志你不让他交？他说你不管他！

问话的并不是高三（10）班的学生，很明显是钱亮在与同学们谈及日志时，表达了对我的不满，而且一定是非常不满！

我略为自己辩解了几句后,那位学生并未深究。可我心里却已然添了负担,不由得认真反思起这难"日志事件"!

首先,我并非不让钱亮交日志。屡次催讨无果后,才不再过问,这应该正如钱亮所愿啊!

其次,既然钱亮自己不愿上交日志,意味着他不乐意与我这个导师交流、沟通,不乐意我去"管"他、关注他。

但他为什么会抱怨老师"不管"他了呢?

很明显,他还是渴求老师关注他、"管"他,像对其他同学一样批阅日志、谈话、聊天……

次日上完课后,我找到钱亮,好像是随口问道:"一学期都快结束了,日志怎么还交不上来,是丢了吗?真丢了,我应该为你去找一本新的才对啊!"

钱亮吃了一惊,半晌才回答:"没丢。"

我再问其故。他竟回答:最初真丢在爷爷奶奶家,拿回来后一时补不齐前面的,没敢交。见您也不盯着要了,以为你不想要我这个学生了,所以就没交一次。原来如此!

沉思良久,翻开一本日志,扉页上写着这么一段话:"学生成长导师制"以"实现每个学生最大可能的发展为宗旨,使教育亲情化、个性化,让每个学生的品行得以塑造,习惯得以养成,个性得以张扬。倡导老师最大限度地宽容、理解、善待学生,在充分尊重和信任的基础上,指导他们学会做人、求知,不断提高综合素质……"

"最大限度地宽容、理解、善待学生……"而我恰没有对钱亮做到这个基本要求。假如开学初见钱亮未交日志,我能更耐心、细心地做工作,与他父母沟通,让他们帮助解决,那事情的结果完全会是两样,导师制的初衷也能得以实现。

换位思考,钱亮同学那时是无意没按要求交日志,后来是敏感地试探我这个导师是否真诚对他,是真关心、关注还是流于形式。他失望了!

"亡羊补牢",认识到自己的失误后,我采取了许多真诚有效的补救措施:全面了解钱亮本学期各次考试成绩,帮他分析得失,提建议;与他聊高考,谈他的计划,关心他在学校的生活情况等。不过,我没有再要求他交日志,我认为再写这学期的日志只能成为他的负担、心结。一次课堂复习检查,钱亮与其他两同学都不合格,我让他离校,他临走时很报怨。我说:"谁让你是我指导的人呢? 我不关注你还能去关注别人吗?"他于是开心而去。

最难忘的眼神

张炎平

一、学生基本情况

我从高一年级带Z同学已经近三年了,她是我班一个脾气怪怪的女生,性格特别孤僻,而且听不进别人的良言劝谏,有同学反映她经常莫名其妙地和同学发生冲突,三言两语就将同学的书籍乱扔,甚至和同桌高大的男生大打出手。我找她谈过多次,无论怎样劝导,她就是不开口,眼神倔强中又显落寞。

二、原因分析

经过侧面了解,我发现Z同学住在市郊较偏僻处,母亲常年外出打工,父亲在本地工厂上班,上班时间较长,离家又远,对孩子的管教就是当孩子出现问题时拳打脚踢,平时很少关心呵护。每次在学校出现问题,都是在父亲简单粗暴的管教下结束。从此她不再相信任何人,不接受任何人,经常一个人关在房间里。爱的残缺造成孩子个性的扭曲,久而久之变得多疑、抑郁、倔强和古怪,有时整天情绪低落,上课注意力不集中,学习成绩很差。

三、教育过程

(1)用爱心抚慰她心灵的创伤。罗曼·罗兰说:"爱是生命的火焰,没有它,一切变成黑夜。"从高一开始,我就让她担任班干部。

(2)主动担任"问题家庭"学生的临时家长,把她当作自己的孩子一样关心、照顾、教育,切实履行家长的职责。

(3)加强心理健康辅导,强化缺爱家庭学生的自我教育。当学生有任何良好或不足的苗头时,及时与其沟通。

(4)加强家校联系,形成家校教育管理网络。利用电话、网络等平台向家长通报学校的办学思路、班级管理措施以及学生在校表现,向家长传授一些教育方法、技巧等。

(5)营造温馨向上、和谐的班级氛围。

关注是一种爱

董圣亮

中学生课堂不良行为的形成和表现,对学校和教育工作者在教育内容、方法上提出了更高要求。教育工作者要善于从点滴做起,从小事做起,对学生进行有效教育,帮助学生纠正课堂不良行为,促进其健康快乐的成长。

我班有一名学生FZ,由于他父亲长期在外地打工,孩子由他妈妈照看,平时疏于道德教育,养成了很多不良习惯,不认真学习,课堂上不注意听讲,经常骂人、说脏话,很少有安静一节课的时候。我开始对他采取了高压政策,动不动就对他大吼大叫,可收效甚微,他只能老实一两分钟,之后又是老样子。有一次,我讲课正进入高潮时,他发出一声怪叫,我问谁干的,他低头否认,我肺都气炸了,他却在那里悠闲自得。下课后我当即将他叫到办公室,从个人身心、中学生行为规范、校规校纪方面出发,讲知识、摆道理,让他明白事情的严重性,他表面上接受,但是从他傲慢的表情看出很多不满,因为他的家庭情况,只好等他慢慢改变了。过了一段时间,他毛病又犯了,我又将他叫来,对他说:"FZ,我看你是改不了,我已经和政教处沟通过了,要不请你父母过来把你带回去休整一段时间再说。"他听了,没敢和我说话。我又故意严肃地问他,老师把你送回去,好不好?这下他慌了,请求我原谅他。我板着脸说:"你说的话我不信了。"这下他急了:"老师,对不起,我以后上课再不做小动作,再也不影响别人了。"看到他诚恳的样子,我心也软了,"再给你一次机会,你可不要让我失望,你们组的值日小组长由你来当。"他的眼睛瞬间射出了一股光芒,"老师,我能行吗?""行,老师相信你。"看到他神采飞扬走出办公室,我心里也涌起一种莫名的喜悦。

之后,我发现他不再是一幅事不关己的样子了,课堂上我试着把简单的问题抛给他,当他能够回答问题时,他那种高兴的样子,那种得到肯定的表情,让我久久难以忘怀。是啊,老师的关注是一种爱,一种期待。哪一个孩子不愿意上进,哪一个孩子不愿意被关注呢?我们教师不应该放弃每一个孩子,毕竟孩子的成长不全在知识上,还有人格的完善和健全。渐渐的,他上课开始看黑板了,课中的小动作越来越少,脸上也有了快乐的笑容。

　　从教育学生的过程中,我深刻地认识到对学生的处理必须提升到一个高度。首先,要使学生从心理上深刻认识到事情的严重性,只有这样才能震慑他们。其次,自我批评、承诺纠正错误时,要提出要求,要其承诺以后发生此类错误时怎么办,并健全监督机制。再次,必须予以关怀、安慰,寻找适当时机给予鼓励,给他一个改过的机会。

慢慢地走近他

蒋学艳

XH是我的受导学生。曾经，他几乎已经可以算是班上的"双差学生"，学习成绩一塌糊涂，还经常调皮捣蛋、惹是生非。

高二分班以来，开学两周几乎天天迟到。一次升旗仪式，他在我千叮咛万嘱咐不要迟到的情况下公然迟到，并大摇大摆想进入队伍，我非常生气，狠狠地批评了他，他却一副无所谓的样子。

一次英语课上，我去班级巡视，发现他毫无顾忌地玩手机，下课后我找他谈话，他并未表现悔过的样子。另一次数学课上，突然一阵悦耳的音乐响起，是他偷偷把手机带到课堂。和班里同学谈心交流时，我早就了解到他的手机从不离身，他还有很多分班以前和过去学校的朋友，他们从早到晚总是用手机聊天交流。进入高二，面临高中比较重要的"小高考"——学业水平测试，老师们和同学们都很紧张，我想他如果能改掉依赖手机的习惯，把心思放在学习上，应该能够在学习上有所进步，想通过学业水平测试也不是难事。因此，我和他进行了一次恳切的长谈鼓励他，试着让他走出虚拟的世界。一开始他还算配合，下决心试着改变过去的生活方式，全心全意投入到学习中去。但是仅仅坚持了两天！后来我与其家长交流，发现他用极其粗暴的、激烈的语言顶撞他母亲，他从小只要一遇到不顺心、不如意的事情，总是发脾气、闹情绪，每次总是以他的胜利结束。于是，一次又一次他尝到了甜头，脾气也越来越暴躁。

和他的交流中，我发现他有着孩子气的一面，想尝试新鲜事物，表现他张扬的个性。同时，我察觉他人生观、价值观的取向有偏差，他认为老师对他进行教育是为难他，觉得对他进行适当的惩戒和教育是学校不够人性化管理的体现等。通过QQ交流、谈心，慢慢地我了解到，由于家庭条件较好，家长生活上尽可能地满足他的各种要求，渐渐地养成了他任性好胜的个性，少了几许宽容心、同情心，多了几许霸气、好胜心。家中众星捧月式的过分溺爱使他养成了娇纵自私且承受挫折能力弱的个性。我发现他很喜欢表现自己,老师安排他做的事能够尽心完成,发现同学有违规行为也能告诉老师。因此,根据他的特点,因势利导,我安排他做一些力所能及的工作。

给我印象最深的是去年国庆节放假前,同学们希望把班级布置一下。在布置班级的过程中,要往讲台上方贴班训,当时我并未叫他(其实在我的心里从未指望过他),可是他却主动留下来打扫卫生并对我说:"老师,要我帮忙吗?"我毫不犹豫地同意了且很感动,他也确实卖力地去做并且做得很好,这真的让我很吃惊。我真的感觉在教育工作上要下功夫,既要不失亲和力又必须严格!如果只用简单的说教很难改变他。

俗话说:冰冻三尺,非一日之寒,所有学生都不是一天就变成这样的。我认为对于这种脾气倔强的学生,要使他在学习、生活和行为习惯上有所改变,不能强攻,只能智取。我们有时候应该不动声色,有时明知学生这样下去会碰壁,也不加阻拦,而是默默关注,等到学生碰壁后,暗中加以帮助或点拨。

对于学生身上的闪光点要及时发现、多鼓励,激发他内心善良的本质,让他拥有一颗爱心。当他做了好事时,应及时加以表扬奖励。在工作中,我发现现在的学生喜欢受到表扬、关注,总希望自己成为焦点,他们不管自身能力如何,总想在班级管理中出谋划策、表现自我。针对学生的这种心态,我根据每个学生的能力和特长让他们负责班级的一些事情。在我的想法中,放手让学生去处理一些事情,一方面是给他们一个展示自己能力的机会和舞台,另一方面有助于培养他们的集体荣誉感和责任心。

就像XH,他善于表现,爱出风头,体育方面有特长,于是我就让他负责我们班的体育活动,从队形、队列安排,到动作学习、整体规范等,让他在组织活动中体会要做好一件事是多么不容易。通过这些活动,他对人对事的态度有了可喜的转变,做事更有恒心和责任心了,他的自控能力也有了一定的提高,变成了爱护班级荣誉的人,虽然还有好多缺点,但是他脾气好多了,还被评为班级的文明学生呢!更可喜的是,他顺利通过了学业水平测试全部科目!

"90后"是一类很特殊的群体,他们自信、敢于表现,他们骄傲、叛逆、个性张扬,他们遇事冷漠、过分自我。如何和他们进行心与心的沟通,如何为他们创造一个让他们健康成长的舞台,这些对于教师来说是一个必须要面对且永不过时的课题。

在以后的生活与学习过程中,XH的情况也许会出现反复,但是只要爱心还在,只要责任和义务的意识还在,教育好XH,带好这个班级,我依然信心满满!

任何人都没有力量改变另一个人,但如果你乐于按照一个人的本来面目去接受他,你就给了他一种改变自己的力量……我想,在教育孩子这个问题上,不一样的态度一定会带给你不一样的精彩!

最难忘的一个案例

蒋 莉

2011年12月25日，上午改作业时，发现有几个学生的作业完成不够认真，有的甚至没有写完，于是让课代表通知这些同学中午放学后留下来，订正完作业以后再回家。

放学后有几个同学订正完作业交到办公室了，还有三名同学始终没有来，这时候有学生告诉我，他们三个已经偷偷溜走了。听到这个消息，我不由得勃然大怒，本来就犯错了，给你机会改正还敢逃跑，让我在办公室傻等，这还了得！于是拿起电话，给家长一个一个打过去，口气很严厉，家长在电话那头也是诚惶诚恐。

这其中有个叫LZ的孩子，特别让我生气。开学没多久，自由散漫、懒惰的毛病便暴露无遗：上课不听课，不做笔记，少写少交甚至不写不交作业。特别是不写作业，最让各科老师头痛。实行导师制后，我把他带在自己身边，想多一些机会亲自"教导"他。软的硬的道理讲了几箩筐，他依然少有进步。无奈，他爸爸只有每天早上送他到学校，看着他把各科作业交齐再离开。就这样，他不时还有少写的情况。

当天下午，包括LZ在内的三名同学都把作业订正完交给了我，一下午没事。

12月26日早上，早读铃声已响起，LZ还是没到学校。我打电话给他爸爸，他爸爸说早上开车送他来上学的，一直送到学校的路口才离开。同时透露给我一个信息，说早上父子俩在家吵架了，孩子是爸爸押着上车的。

到了中午孩子依然没有踪影，我很担心，和他爸爸联系，爸爸赌气说不管他。于是又联系孩子的母亲，孩子的父母已离婚，每次约见他父母，他们都抱怨对方把孩子耽误了。父亲说母亲不管孩子，母亲说父亲只会粗暴打骂孩子，还不准自己探视。和妈妈联系上后，妈妈告诉我，孩子早上在学校附近的电话亭给她打了电话，说早上出门前爸爸在家打了他，孩子再也受不了这种非打即骂的生活，要求和妈妈一起生活。妈妈说当初离婚法院判决你归爸爸抚养,这件事情没有这么简单,孩子一听就挂电话跑了。

妈妈很着急,我让她去公安局报案。她说孩子的照片都在爸爸那边,打电话也不理她,说是她把孩子藏起来了,故意来和他做对,他爸爸不管了,也不去找孩子。

整个下午依然没有见到孩子的踪影。我很着急,又担心又后悔。悔的是隐隐约约听学生说过LZ的爸爸总是打他,我却那样怒气冲冲去告状,孩子离家出走应该和前一天的告状有关系;担心的是,不知道这个孩子现在在何处,会不会遇到什么危险。我在班级把这件事情跟全班同学说了一下,让能和他联系上的同学尽量劝他早日回家,并且及时和我联系。下午放学后又把情况汇报给了政教处,然后忧心忡忡地回家了。

刚到家准备做晚饭,六点钟左右,孩子的妈妈打电话给我了,哭着说下午已经去公安局报案了。刚才派出所给她打电话,说在江边发现一具男尸,让她去认尸。她的朋友怕她受不了刺激,代她去认了,她现在守在电话旁边等消息。我一听,彻底懵了。只好安慰她,你有消息,赶紧告诉我啊。然后我就站不住了,倒在床上,觉得冷,盖上被子,仍然瑟瑟发抖。过了一刻钟左右,打电话过去询问,她妈妈说去的人还没回来。又过了十分钟,还说没回来。我都要疯了,脑子就想着一个问题:孩子真出事了,怎么办?

终于,一个多小时的煎熬之后,孩子妈妈打来电话说那具尸体不是孩子的。到这个时候,我的心才稍稍放下来。慢慢地,一个疑惑浮上心头:孩子的妈妈是不是在骗我?警告我以后别再向孩子爸爸告状?

但是找回孩子的强烈愿望占了上风。八点钟,我把孩子安顿好,老公便陪我一家一家网吧找LZ。十点钟左右,班级一位学生家长给我电话,说他的孩子在网上和LZ联系上了,现在正在一家网吧,但是不肯告诉网吧地址。我联系上LZ的妈妈,赶到这个学生家,在网上和他联系。孩子依然不愿回家,不肯和我们说话,但是告诉我们他很安全,答应明天再和妈妈联系。晚上回到家,已是深夜12点。

12月27日上午,孩子妈妈和我联系,说孩子愿意回家了。

12月28日,LZ回到学校。

整件事情过程中的担心、恐惧、后悔,我一生都不会忘记。事情过去一年多了,现在平心静气地想一想,我觉得有两点值得自己好好反思:

(1)对自己的火气,忍一忍,再忍一忍。虽然说这次学生离家出走,是由和父亲争执引起,但是和我前一天的告状还是有关系的。孩子,就是在不断地犯错中成长。教师要压制自己的情绪,不能将火气撒到别人身上,带来不好的后果。无论大人还是孩子,做傻事是一念之间,所以一定要控制好自己的情绪。

(2)做学生工作,细一些,再细一些。我自认为还是比较有耐心的,LZ是我谈话最多的一名学生,家访过,也经常和家长交流,可还是出了问题。我只知道他爸爸对他比较严厉,但是不知道如此简单粗暴。我只知道他父母离婚,不知道他父母关系依然紧张,在孩子面前极力丑化对方,甚至不惜拿孩子来要挟对方。

如果之前我工作能做得更细一点,对他们家的特殊情况了解得更多一点,可能就不会发生这次事件,不会给孩子、给自己都带来伤害。

做学生工作,没有最细,只有更细,对于导师,更应该如此。

点亮她的心灯

汪建军

一颗童稚的心被伤害了,这是一道心灵上的创伤,是一抹永远挥之不去的心理阴影,它给这个孩子的成长带来的心理压力,我们无法想象,也许远甚于一两次考试的失败或挫折所带来的打击。我能说什么呢? 除了对孩子的不幸遭遇感到惋惜,作为班主任的我,更为自己的疏忽而深深自责。

我班的女生 A,从高一认识她,我只知道她性格内向,没什么朋友,除了和自己的同桌比较亲密以外,很少和其他同学来往。但她下课后又喜欢在各班级游荡,中午也很早来到学校在操场上闲逛,有时感觉心不在焉、魂不守舍。我曾经问过她为何这样,她说没什么,只是逛逛而已。我也没再追问,认为自己是不是多心了,每个孩子都有自己的特点,这只是她的性格而已。

很长一段时间我也没把此事当回事,经过期中、期末考试,该女生成绩较差。我几次和她谈话,始终觉得无法与她交心,她说不想学,学不进去。我想找她家长谈,家长有事都来不了。后来相当长一段时间,该生不注意自己的学生形象,经常涂指甲油,上课不注意听讲,爱讲话、吃东西。这时,我才意识到必须马上与家长及孩子面对面交谈了,但此时其母亲在南京带父亲看病,不能回来。该生长期与外婆同住,很多事不愿谈起,我通过电话与其母亲交谈,得知该生父亲在她很小的时候去世,后来母亲再婚,继父带了一个男孩。该女生在身心上都受过该男生的欺辱,其母亲也不知道,直到家里发生一件事后才知道,家庭掀起轩然大波,母亲与继父分居,但没正式离婚。该女生从不爱讲话到自我放弃,不愿多待在家里,听母亲说经常出去独自闲逛,母亲不敢指责与批评,生怕孩子出现心理障碍。

了解这些情况后,我无法想象女孩子在人生中经历那种事后是如何熬过来的,作为一名女教师,我也为自己的大意而深深自责。我仔细考虑该如何与她交流,既不能再次伤害她的内心,触动她的痛处,又不能模棱两可,甚至不在乎她的感受。

　　经过反复思考，我决定从别的事情开始关心她，让她感觉到人间自有真情在。她经常穿得很少，于是我没事找事地问她冷不冷，这段时间妈妈不在，你有什么事需要老师帮忙？有一次她耳朵上长了疖子，我主动要带她去医院，她谢绝后，我不时地询问她的状况。平时交往中，我多留心她的情绪，久而久之，她对我没有了抵触情绪，慢慢地开始和我聊聊她家里的情况，以及其母亲现在在南京的原因。我深深体会到这个孩子的无助，以及内心所受到的巨大创伤。

　　她主动告诉我母亲回来后，我们约好一起聊聊，大约谈了两个小时。她从心底感觉到母亲及老师的关心，学习上自己有所追求了，期末考试成绩也进步了。我对她的关注并没有减少，时不时地问问她学业以外的事，感觉她懂事了，有上进心了。她不再一味地生活在自我封闭的世界里，也很少看到她在各个教室乱窜的身影。总之，我觉得她是往好的方向发展。

　　当然，教育这样的学生不是短期内就可以有成效。我不可能一下子让她变得很好，她现在还存在许多的不足，我要做的只能是让她在潜移默化中有所改变，哪怕是一点点，也值得开心。

青春期的躁动

李 宏

阳春三月,下午第一节地理课,高三(6)班同学正专心地听老师讲课。第一组第四排座位上的肖同学两眼凝视着前排座位上的一位女同学已有一小段时间了,在做小动作没有引起对方注意的情况下,他用打火机烧前排女生的头发,一股刺鼻的气味弥漫整间教室,同学们哗然。地理老师被迫停止讲课处理此事,肖同学却强词夺理,本节课受到很大影响。

根据授课教师反映,近段时间该同学不认真听课,影响他人已不止一次,他课间虽沉默寡言,却喜欢在女同学面前通过、欺侮他人展示自己力量。他的思想和行为如不及时纠正,不但自己前途受影响,班级班风、学风也将受损。

肖同学家庭贫困,母亲没有正式工作,父亲患病处于癌症早期,家庭经济不堪重负。父母将全部希望寄托在该生身上,望子成龙成为家庭的精神支柱,但是教育方法不当,对孩子学习上要求过高,希望该生考上名牌大学。父母不厌其烦地向儿子说明家中的困难,激发其学习的动力,可又不能适时地帮助他解决学习上的困难,结果适得其反。肖同学一直没有一个安静的学习心态,心理压力过重,整天烦躁,难以承受学习上正常的挫折。该生高一时学习成绩较突出,面对江河日下的学习成绩怎么向家长交代呢?他缺乏足够意志力,幼小心灵难以适应这一局面,在紧张的学习、生活中,满脑子是压力,找不到解决的方法,导致走向另一个极端——放弃。肖同学身体健壮,又值青春期,长相姣好的女同学对他有很大吸引力,每天都想做出一些让女同学注意的事。加上作为班主任的我对这一情况缺乏详细了解,特别是没有及时处理疏导,所以才出现以上的一幕。

事后,我首先做了两次家访。第一次家访,了解情况,回来反思原因和思考解决的方法。第二次家访,重点做家长的工作,和家长交换意见,指出他们教育方法的不当之处。在家长确信这一原因的基础上,答应暂时降低要求。同时,为肖同学的学习营造一个平和、轻松的学习环境。他母亲振作起来,开了一个小后,不再整天在家愁眉苦脸,一些能做的家务事要求肖同学去做,帮助其调节心态,负起责任。

接下来,我多次找肖同学谈话。首先使他的心态放松,要他摆正自己的位置,以平和心态承认现实,不能老想着过去的辉煌,只要天天进步,以后的时间和路很长,重温辉煌的机会是有的,目前的目标是确保考上有专升本机会的大专,争取三本甚至二本。其次,肯定他有能吃苦的优点,基础也不是很差,介绍学习经验,帮他找到适合自己的学习方法,以提高学习效率。再次,严格要求,对于其缺点限期改正,找了几个同学帮助他。同时,要求家长在该生不知道的情况下来校互相了解情况、交换意见。

肖同学稳定下来以后,学习成绩逐步上升,如今已是一名在读的本科生了,并正一步步地向目标迈进。

从这件事我感到:绝大多数学生实际上是单纯的,学生不好的行为背后一定有着他(她)难以克服的困难(包括习惯等)。教育的困难在于:一方面教育者(包括家长和老师)对学生的要求与学生的实际情况不符;另一方面由于种种原因,没有整合成一股力量适时地解决复杂、多变的学生群体中每一个体的困难。

写好《学生成长日志》

高琦璐

　　这是一个特殊的学生,当我第一次打开他的《学生成长日志》时,那满眼蓝的、黑的,乱七八糟的字体,让我立刻将他同不认真、差学生归在一起。不一样的地方是他竟也满满地写完了每天的《学生成长日志》,好奇心驱使我仔细地辨识那"符"样的字体。

　　他是个另类的孩子,在日志中毫无惧意地描述他上网玩游戏的经过,如何升级,玩了多长时间;毫不留情地批判老师、班主任的教育方法,更毫无顾忌地述说今天和某某打架、对骂之类。如此大胆的学生不是公然挑衅你的原则,就是在试探你的真心。我开始小心翼翼地回复他的日志,用玩笑的话语和鼓励的语气,对某些不良用语和做法,我用红笔圈出来,打上一个感叹号,或画上一个哭脸,绝对不说大道理、不指责,偶尔对他的字再提两个问题,每一天的日志我都仔细做了回复。

　　第二周,打开他的日志,第一句出现在眼里的就是:"老师,你发现我这周的字好看些了吗?"突然的温馨,字工整了很多,虽然还是不好看,看起来还是很费力,但认真的感觉出现在字里行间。当然顽皮如昔,依旧在玩游戏,依旧在批判社会,可是批判的思维清晰、有层次,能感觉出来这是个聪明的孩子,只是玩心重,又或许有些特别的经历让他对周围人存在一定的敌意。于是,上课的时候我开始有意无意地暗示他、观察他。现实中的他与日志中的他有一定的差距,外表看起来他是个不起眼、不张扬的男生,没有日志中的他锋芒毕露。我开始在日志中稍加一些我的价值判断与他共同讨论,很欣慰的是,他并没有多少反感,也和我认真地聊起来。当然,孩子毕竟是孩子,处事、说话随心得多,缺乏责任感,遇事往往采取回避态度。所以在日志的交流中,我注意肯定他的聪明、主见,引导他对自己负责,不逃避问题。几周下来,我们无话不谈,彼此信任对方,为了更好地了解他,我加他为QQ好友,方便随时联系与鼓励。

　　本学年还没有结束,这学期我将继续担任他的导师,这也是他的选择。

还记得有次上有关赞美的课,让学生们互赠"赞美之心",小家伙闪电般跑上讲台,递给我一颗赞美心,那种温暖的感觉让我全身充满了力量。

这学期的导师工作不是结束,而是一个新的开始,因为我做得还不够,还没有更好地了解孩子们,还有很多值得我去努力的地方。让我们共同加油,期待我们更好地交流。

从细节上关爱学生

吴太龙

班主任在做学生工作时,说服教育是一种工作方式,但我认为更应该从细节上关爱学生,改变学生的不良习惯。

我班有一位女生 LS,她的性格特别像男生,刚到学校报到时我还认为她是男生。她性格孤僻,不愿意与人交往,但是她为人正直,特别喜爱体育,尤其喜欢打篮球、长跑。

我为什么特别关注她呢? 在开学之前的学生会议上,她坐在班级最后一排,我讲述高中学习的一些情况,但是她在座位上玩手机被我发现了,我说了她一下,等我回到讲台时发现她又在玩手机,这次我较严厉地批评了她。她没有再玩手机,却趴在桌子上睡觉。因为刚刚接触该学生,我也没有多说什么,想等到以后再好好教育她,又想等一会儿在家长会上向她家长了解具体情况。家长会结束后,我打算请她的家长留下来,此时她母亲主动找到我说了她女儿的情况,从她母亲的叙述中我感到她是我班较难管理的一位学生。

但是出乎意料,她很遵守班级纪律,这次我松了一口气,但我想仅仅遵守班级纪律仍然是不行的,我要改变她的不良习惯。

一、改变她与同学交流的习惯

开学第一天,我要求学生自由组合安排座位,发现她与一位男同学坐在班级的最后一排。我说男同学坐在一起,女同学坐在一起,就把她调到第一排与一个性格开朗的女生坐在一起,并且在她四周安排的基本上是性格较活泼的学生,想以此带动她。通过一段时间的观察,我发现她逐渐与这些学生成为了好"姐妹",性格逐渐开朗起来。

二、学习上经常关心她

我知道她是一位性格要强的学生,学习上也积极主动,经常问问题。我很耐心地为她解答问题,每次为她解答问题后,我又与她交流最近的学习情况。从她的《学生成长日志》中了解她学习上的薄弱环节,主动帮她补课。

三、经常与她家长联系

由于性格孤僻,她母亲很不放心,经常打电话了解她女儿的情况。有一次她母亲打电话告诉我,今天开家长会时,她向我叙述了她女儿在做作业时遇到不会做的题参考了电脑中的解答,说她善于学习,但是她女儿说她不应该向我说这个情况。我了解情况后,过了几天向她说明如何利用身边资源学习的方法,以及如何与同学和家长相处的方法。为什么过了几天我才找她谈话,还不能说是她母亲反映的情况呢?因为我害怕她又与她母亲吵架。有一次她母亲打电话告诉我,她女儿这些天与她交流的次数多了,性格开朗了许多,而且数学成绩也提高了。看到她这些变化,我也感到很高兴。

四、时刻关注她,鼓励她

人的错误经常会反复出现,她也是如此。有一次劳动委员告诉我她这次没有值日,第二天我要求劳动委员告诉她今天留下来值日。当天下午放学时,我在班级里(因为我不放心她),劳动委员要求她把班级的门和窗户擦一下,她不听就要走,被我喊回来了,我要求她擦玻璃,她很不情愿地把门和玻璃擦好,就背着书包走了。我感觉她的孤僻行为又回来了。第二天中午,我微笑着对她说:"很感谢你昨天给老师面子,说明你是尊重老师的学生,但是你这段时间行为不是很好,希望你能认识到这一点,我想听听你的想法。"她说:"老师,对不起,这段时间学习压力很大,有许多数学知识不懂,所以脾气有点大,我今后会改正的。"我说:"每个人都有脾气,但遇到问题不能乱发脾气,要学会忍,你不会的知识来问我,我发现你这段时间问问题较少,放学后到我办公室,我为你解答这些不会的知识。"通过反复的教育,她的性格改变了许多。

我认为,教育学生要从细节上入手,找出问题所在,再与家长一起帮助学生克服这些问题。有时候不要指望这些问题不会重复发生,要有持久战的心理准备。教育学生要讲究原则,一些原则的问题不能妥协,同时要关爱学生,多一些鼓励,少一些批评。

静待她的转变

陆克宏

FD,女,高二(12)班学生。该生性格内向,总认为自己的外表很丑,成绩不理想,不善于与同学交往,有一种自卑和孤僻的倾向,在家与父母沟通较少,父母教育她时脾气暴躁。

2013年,我作为她的导师第一次接触她的《学生成长日志》,每天的记录千篇一律,"完成、好、干了什么事",字小得让人看不清。我将所有辅导学生集中在一起介绍自己,开场白是在白纸上写上非常潦草的名字,让他们认,他们都不认识。这时我说:"要想别人认识你,那就从写字开始吧,一笔好的字给人第一印象深刻,见字如见人,字要端庄、美丽大方,让人心情愉悦。""你们回去该做什么就做什么,成长日志要字迹清楚,让人读懂。"我的批阅都是一笔一画、工工整整,以鼓励的话语激励他们前进。经过半年的努力,每个孩子进步都很大,养成了良好的习惯,她的进步特别明显。

第二次集中会上,我让他们互相翻阅《学生成长日志》,她们的脸上洋溢着青春的笑容,都感觉到在进步,但成绩上的不理想,确实让我揪心。我从一首诗讲起:春风绵绵好睡眠,夏天不是读书的天。秋有凉风冬有雪,收拾书包过新年。我对他们说:"无论是什么时候,要有毅力、有决心,贵在坚持,才能不断进步。"不懂没关系,坚持上好每节课,专心细致听讲,将不懂的问题做记号,课间问老师,当天的问题不带回家。经过一年的共同努力,她有了明显进步。这说明学生的潜能是无限的,只要用合适的方法加以激励,他们一定能发挥出来。

第三次集中会上,我让他们用一句话介绍自己,要将自己的个性介绍给别人,他们相互看看,不好意思说出来。我说:"人不是孤立的,相互是有交往的,但要正确对待交往,父母、老师、同学之间要相互沟通,有交流才有思想上的碰撞。你们是为了一个共同的目的走到了一起,共知、共识、共同成长,父母、老师是你们的共同见证。父母带来你们的身体,给你生活,却不能带给你们未来,只有通过自身努力,才能创造未来。老师传授你们知识和爱,却不能让你们拥有未来,只有一点一滴的努力,才有希望。同学之间相互传递友谊、友情、友爱,才能共同前进。懂得如何交往,才能彼此为自己服务,将对方作为自己的倾诉对象,那是真正的朋友。交往要大胆、心细、知恩图报,用心、体贴、关照、关爱,那才是真正的交往,朋友无话不谈,学习上成为合作伙伴是件最幸福的事。"通过一年的观察和了解,他们彼此影响,共司进步,该生有了明显的变化,能大胆说话。他父母对我说,孩子改变很多,感谢老师!

友谊地久天长

任　玲

春天是花开的季节,处在人生春天的学生此时萌发的情感,有爱情也有友情。如何对待这两朵绽放的"花",是摆在我们教师面前必须明确的问题。

我辅导的一位女同学,她父母与多数家长一样,对女儿寄予了很大的期望,但孩子的学习成绩一般,尤其是数理化等科目。鉴于自己的学习状况,该生从踏入高中开始,就利用双休日到民办艺校学习播音主持,想通过艺考实现上大学的理想。由于她家境一般,学习的花费给家庭带来了较大的负担,所以该生多次在日志中表露,"如果不好好学习,对不起父母的辛劳。"由此看出,这是个懂事明理的孩子。

一次,她在日志中诉说了一件令她很苦恼的事。她来月经了,由于肚子疼,上课时趴在桌子上,邻桌的男同学见状,就问她怎么了,并表示下课后给她拿一瓶热水。他们的轻声交谈被班主任看到了。课后,他俩被请到办公室,老师严厉地批评他们不遵守课堂纪律,而且还谈恋爱,警告他们如不断绝关系,就请双方家长到校处理。她对上课讲话、破坏课堂纪律这一批评可以接受,但对班主任指责他们谈恋爱,感到万分委屈,她在日志中问我,"任老师,我们真没谈恋爱,你相信我们吗?"

看到这句话,我仿佛看到她那双期盼老师理解、信任的眼睛,我即刻在她的日志中留言"我相信你,友谊地久天长"。随后,我把批阅后的日志交还给她,以一个长辈、朋友的身份与她交谈,听她倾诉,告诉她珍视同学友谊,同时也给她布置了任务,帮助那位男同学进步。因为该男同学是借读生,纪律、学习方面都是"问题学生"。

通过这件事,我更感觉到教师在学生心理健康发展中的重要作用。我们不能以简单、武断、粗暴的方式对待学生,伤害他们的感情,也不要居高临下侃侃说教,而要学会倾听、学会理解、学会尊重。即使是早恋,也不要视为洪水猛兽,而是要尊重他们之间的这份情感,以朋友的身份给予劝导、参谋,让他们自己判断并做出选择。

《学生成长日志》之高考备考

徐仁龙

2012届文科(14)班学生给我留下深刻印象的是:白净聪慧的W、高大明事理的男生H、文静略显腼腆的L、小巧可爱经常被人忽视的Y。他们的《学生成长日志》几乎每周不落,一直交到高考前几天,几个人每周都是洋洋洒洒,今天单说L同学。

L同学十分有礼貌,学习刻苦,现就读池州学院市场营销专业,到现在还和我经常保持联系。

刚开始她的《学生成长日志》没有什么内容,和许多同学一样只是完成任务。一次我对她说,不妨把日志作为练笔,这样也能提高写作水平,而对某些现象的评论有助于提高写作水平。听我这么说,她试着做,并且与我交流心得体会,慢慢地形成了自己的风格,一直坚持到高考。

高考备考的路上困难重重,比如六门功课的时间如何安排才比较合理、怎样实现查缺补漏,还有各种各样的心理问题等。有时候她写在日志上,有时候她会到办公室与我交流具体的办法,征求我的意见,我的批语是用蓝色笔,和她的黑色笔既有区别,又显得和谐。批语不是总在最后,常常是她几段,我几句,逐条批注。她的《学生成长日志》是最丰富的,我曾经对同学们说,如果没有时间,可以少写点,她却说写的都是想说的实话,不需要太多时间,既是休息,也对学习有利。

随着高考的临近,心理问题是个大问题。主要表现一是紧张,二是怀疑自己,这方面女孩的情况更加突出。我清楚地记得她在《学生成长日志》中写道:"怕考不上,对不起父母。"对此,我在《学生成长日志》批语和面对面交流时,为她释放压力,加油鼓励,告诉她"人生无处不考场!"高考的财富不仅是考上心仪的学校,其本身就是人生重要的经历。

鼓起理想的风帆

黄　芳

高三才接手这个班的化学教学,对班级整体情况和学生个别情况都不了解。经过近一个月的接触,和学生们的距离近了,这得益于我校实行了导师制,可以和学生多渠道交流和沟通。

在此期间,我发现了同学许多好的习惯和品质,同时也暴露出个别学生的一些问题。作为他们的导师,我有责任也有义务帮助他们成长。

一、背景描述

W,女,高三(5)班学生。初中时化学成绩较好,高一、高二化学成绩始终不太理想,到了高三,连基本的作业都不愿意完成。

二、导师活动

1.谈心开导

某次上交作业后,我和W谈心,虽然她"感觉作业太难,不会做",但我立场坚定,态度明确:作业不难,主要原因一是懒,二是怕。我分析了三道试题,连她自己都不好意思再说作业难了。我们约好:以后作业按时、按质、按量完成。

2.中间抽查

谈心过后,我密切关注W听课状态和作业完成情况,中间随机抽查作业情况。我发现最近复习的内容她基本掌握了,但一涉及前面的知识点,她就感觉困难。针对这种情况,我给她单独布置了作业,定期复习,每周帮她进行专项测试。

3.测试肯定

经过近两个月的辅导,我专门出了一张试卷请她完成,内容当然是她近期复习部分,完成后帮她分析:近期的复习效果明显,基础知识掌握情况较好,对问题的分析有一定的进步,但还需努力。她自己也很高兴。

三、教育反思

对 W 同学的教育转化相对来说比较成功,但中间也有一些波折。最初找她谈心时,她表现很认真,但回去后并没有完成,我不厌其烦地提醒她,谈话、施加压力,她才慢慢开始认真起来。期间年级有过一次测试,她成绩很不理想,有些气馁,我及时鼓励她,肯定她前期的复习效果,终于稳定了他的情绪。

总结对 W 同学的教育,我感觉教师对学生要坚持做到以下几点:

（1）不抛弃、不放弃;

（2）坚持教育,有计划进行;

（3）语气温和,态度强硬。

鼓励过度也是错

马文莉

WW 是位品学兼优的学生,在高 301 班,无论学习成绩还是威信都很高。但就是这样一名同学、老师都喜爱的学生,进入高二以来却遇到了难题,英语成绩总上不去,考试经常不及格,严重地拖了后腿。因此,WW 同学背上了沉重的思想包袱。高考的压力、激烈的竞争,同学们的学习气氛很紧张。为了争取班级前三名,他使尽浑身解数,甚至不惜牺牲睡眠时间。他所付出的并没有取得好的效果,偏科现象反而严重起来,英语考试接二连三成绩垫底,这使他备受打击。

为了鼓励他,让他重拾学习英语的信心,我经常找他谈话,并在《学生成长日志》中鼓励他,提醒他别紧张,尽量放松些,同时要把欠缺的地方补上。他确实很努力,甚至连课余时间都不舍得浪费,经常找同学、老师问问题,可结果非但没有进步,反而让他感到英语越来越难,越来越恐惧。

上课时或考试后,我都能感受到他的沮丧,我及时地稳定他的情绪,帮他分析试卷,鼓励他只要认真学习,学好英语只是时间的问题。为了不辜负我的希望,他又投入到紧张的学习之中。但是,上课时我仍能发现其情绪紧张,回答问题不得要领,下课时总是闷闷不乐。在日志中,他更是表达了他的焦虑,甚至有放弃的想法。

WW 同学对英语的过度焦虑,应该说与我鼓励过度有着直接关系。面对中学生,一味强调"刻苦学习、认真钻研"才会有好成绩,而忽略了学生的心理健康是不科学的。这个过程中,我感受到鼓励过度也是违背教育规律的。与 WW 的接触中,我试图通过频繁的鼓励和交流以达到其努力学习英语、提高成绩的目的。然而,正因为频繁的鼓励不仅让学生感到焦虑与紧张,更为严重的是,这种过度的鼓励在较长时间里会使学生产生厌倦抵触情绪,从而导致最终放弃。

因此,在以后的导师制开展的过程中,我既要努力做好学生的思想教育工作,又不能给学生造成心理负担;既要注重情感教育,向学生表达真挚的爱,又不至于因这份爱而给学生造成伤害。

最深刻的一次交谈

宋云霞

YZ是我班一名普通学生，性格比较内向，甚至还有些腼腆，刚入学的时候，他就表现出异常的安静。经过两个星期的观察，我发现他总是低着头，从不看黑板，作业很多时候完成不到位，还有抄袭现象，我决定找他做一次深入的交谈。

我知道他是一个很要"面子"的学生，所以谈话是在走廊上进行的。我首先表扬了他，这样可以消除或减少他排斥和恐惧的情绪，增加对老师的信任感。之后，我就了解的讯息询问他，尤其是谈到数学，因为数学老师向我反映他从不看黑板，当然谈不上认真听课。对自己的行为他以沉默代替，算是默认，有时只是简单的一句"知道了"来应对，沟通非常不顺利。我决定放弃这次谈话，再找机会，在这过程中，我主动联系其家长，知道了他特殊的处境。原来他寄居在舅父家里，父母长期在上海打工，他有很强的寄人篱下之感。平时很沉默，哪怕在家也很少和舅父母沟通，再加上他从小就患有斜眼症，不敢抬头看人，很自卑，学习基础很差，要靠别人辅导才能完成作业。了解到相关信息之后，我又约他进行了一次交谈，这次主要是旁敲侧击，让他主动说话，我语气缓和，也让他感受到老师的关心。我鼓励他多一点自信，他慢慢地放松了戒备，话语虽然不多，但可以感受到他的真诚。接下来的日子里，他的表现特别好，认真听课，从不迟到或早退。

这件事情对我的触动比较大，面对一些性格内向的学生，我们该以怎样的态度去面对他们，是粗暴的压制、批评还是深入的了解，值得我们深思。有时候，学生可能抗拒的不是我们交谈的内容，而是方式，所以全面地了解、鼓励学生是班主任工作非常重要的方面。

善待每一个学生

陶华奖

古人为官，深谙"太刚则折，太柔则废"的道理。作为老师，面对这100多个自认为什么都知道却又充满着稚气的孩子们，同样是一种挑战。但我有一条原则——"严而不忍"，也就是我们常说的宽严相济。不过说起来人人都懂，但具体做起来，要把握好度，需要有耐心。

每个班级都有那么几个人，他们纪律不好，成绩差，作业不能按时、按质、按量上交，有时迟到早退。渐渐地，他们自己也认可了"差生"这个称号，而且自己这些表现也对得起这称号，没有这些毛病，自己便不再是自己了。如何改变他们是个问题，处理不好，他们的问题恐怕会越来越严重。

田同学是位寄读生，他的性格很特别，他整日不说一句话，不和任何人交流，本来我以为他怕老师才不和我讲话，后来听同学说，他也不和他们说话，考试成绩全班倒数第一。我发动同学下课找他讲话，上课找机会表扬他，很自然不做作的那种表扬。渐渐地，多数情况下他的作业能交上来了，字迹也工整了，只是准确率很低。偶尔，我还让他上讲台演讲，帮他提前准备，开始的时候田同学上来一句话也说不出来，渐渐地有声音了，我想这对于他会终生难忘。他渐渐和周围的人有一些交流了，我很高兴，我继续关注他，不奢望他像换了一个人，但求他能正常与人交往，教育就是要为每个人，尤其是那些最需要帮助的人。

每个人都与众不同，班上还有几个人毛病不少，他们和田同学不一样，很贪玩，喜欢打篮球，不喜欢学习文化课，跟他们讲太多的道理没什么用。于是，我和他们一起玩，找到共同的话题，我和他们的关系不错。偶尔几句话，可以是要求，可以是忠告，他们或多或少也听进去一些，时间长了，变化也有了。我带的普通班，作业能及时上交，课堂纪律很好，孩子们听课效果也很好。球打得这么好，怎么可能不聪明呢，我一直努力让他们把这种智慧拿出一部分放到学习上来，已经有了一些效果。

三位同学是从理科宏志班转到我们文科宏志班的，语文成绩很不好，还各有各的难处。一位字写得太乱了,还喜欢到处涂,我就让他从描红做起,每周交一次,经过一个学期的努力,现在好多了。另一位语文基础太差,每次考试都垫底,我每次检查作业先查他的,而且当堂点评。看得出来,他压力很大,经过努力现在很少垫底了。还有一位女同学,偏科很严重,语文成绩很差,胆子很小,我不能公开批评她,只能私下和她交流,虽然现在成绩还是不好,但态度上有了些改变,开始关注语文了。

尺有所短,寸有所长,遇到"后进生"要控制情绪,不能乱了方寸,伤了学生的心。作为导师,应该善待每一个学生,尊重他们,严格要求的同时,多一分宽容。

做个知心人

胡明静

LJ，女，17岁，性格外向，处事谨慎，在同学中威信较高，特长是书法。她父亲在外打工，母亲在家照顾姐妹两个，家庭经济条件较好。

导师制活动开展以来，我与她交谈了几次，次数不多但很有效果。学习上她要求上进，生活上开开心心，但由于我的疏忽，只看到问题的表面。有一天上课，我发现她虽然听课，但好像有点精力不集中，我提问她，她也能回答。接连几天我发现她有点不对劲，不爱说话，不主动回答问题。我准备找她谈谈。那天她请假说不舒服，后来她母亲找到我，说她在家不听话，跟父母吵架，态度比较恶劣，父母对她很失望。听她母亲这么说，我说起了开学这几天她的任性与桀骜不驯。对于这样一个特殊个性的学生，连家长都无能为力，作为她的老师我该如何是好呢？第二天，我找她到办公室，以听众的身份，从学校生活谈到家庭情况，再谈到她最大的困惑。我没有像她母亲那样责备她，而是从理解、帮助、关心她的角度出发，肯定她个性中的闪光点——不容易屈服；然后引导她说出自己的心里话，了解她的内心世界。整个谈话过程中，我是以一个亲人、朋友甚至姐姐的身份聆听她的心声。看得出，她很信任我，说到伤心处她竟然大哭起来，当时我很感动。

平时一个这样有点怪异的学生，内心也有很多痛，她说："老师，你是第一个愿意听我说话的人。"我对她点了头，真诚地告诉她："你以后有什么心里话，只要信得过我，我都乐意听。"

从此以后，她把我当成了真心朋友，我们之间的交流越来越多。

最难忘的一节课

张 秀

原本以为,教师的职责就是完成教学任务、批改作业、帮助学生解决疑难问题,但是这半年的教学经历让我深深体会到教师的职责远远不止这些。作为一个刚刚走上工作岗位的老师,很难在短时间内了解班上的每个同学,但学校的导师制,让我对几个辅导的学生印象深刻。

每个人都有自己的个性,学生与学生之间也千差万别。孔子在教学方法上重视因材施教,这其中的道理博大精深,我还要继续学习。高一阶段,学习任务重,科目多,难度大,不少学生都在《学生成长日志》中写道:"快要崩溃了,今天又要到12点才能睡了,作业真多,快喘不了气了!""明天要考试……后天又要考试……神啊,救救我吧……"对于这些,我一直采取鼓励的方法,给学生加油,希望这对他们有用,但我想肯定有比这更好的方法……

随着慢慢地成长,高中生会出现很多问题:化妆、谈恋爱、上课玩手机……这些新问题的出现对教师来说是一种考验,到底如何处理才好呢?我想,既顾全了学生的脸面,又对他有教育作用,而且对其他同学也是一个警示,那便是极好的,最难的还是如何做。

高一(5)班有名男同学DL,这名学生挺聪明,但和很多男生一样好玩,上课经常开小差,而且很执著,只要是自己认准的事一定坚持到底。记得第一次期中考试,我在班级评讲试卷,分析成绩,对考得好的同学进行表扬,对于没有及格的同学,鼓励大家继续努力。DL刚刚及格,考得并不是特别好,我单独找他谈话,希望他能努力学习。从谈话中,我感觉到其实他很单纯,像是没有长大的孩子。等到第二次考试,他已经是班级第一名,这是他努力的结果,我在全班同学面前表扬了他,他脸上露出了微笑。到了期末考试前,我在班上给大家复习,发现他一直很低沉,没有带书却在发呆,后来干脆趴下睡觉。我没有在上课时间找他,想想可能是昨天晚上复习太晚了,毕竟期末考试临近,而且现在课时很紧,要抓紧时间多讲些知识。可到了下一节课,他还是没带书,我远远地看到了,慢慢走过去,看到他的眼神有些慌,桌上什么也没有,连今天评讲的试卷也没带,我忍不住喊他站了起来。"DL,你今天书和试卷都没带啊?"他没有说话,站在那里,像是等着受罚。我停顿了一会儿,他还是没回答我。"没有带书、试卷,拿笔、纸记一记,能做到吗?"我不想在最后一节课上还惩罚他站着上课,心想只要他能做到,就让他坐下来,可是过了一会儿,他还是没有说话,像是用沉默与我对抗。他旁边的同学劝他,"快说话,说一句就行了!"他还是没有说话。"受伤啦?内伤还是外伤啊?"我想让气氛变得轻松些,半开玩笑地再次问他,想再给他一个机会。可是,他还是没有说话,实在没办法,我回到了讲台,继续上课。等到下课,我把他叫到了教室外面,和他单独谈话,我想这是一个很好的教育机会。我问他为什么不说话,这一次他没有保持沉默,却给了我一个诧异的答案:"今天课代表也没有带试卷!"我想:也许他怪我偏心,课代表没有带试卷,为什么没让课代表站起来,却偏让他一个人站着。我说:"首先课代表没有带试卷,老师确实没有看到,而且她上课在做笔记,没错吧?"他点了点头。"但是你今天犯了不止一个错误:第一,你今天没有带试卷、课本,这样上课你都不知道我在说什么;第二,既然没有带课本、试卷,上课至少做笔记,而你却呆呆地看着我,桌上什么也没有;第三,老师上课时和你说话,你却一言不发,用沉默对抗我,这样做,对吗?"他低下了头。"老师说得对不对,DL?"他点了点头。"你没有带试卷、课本,我没有怪你,可能是昨晚一时忘了,但是既然做错了,就要弥补自己的错误,你有没有去别的班级借书呢?有没有把这节课笔记记下来呢?都没有,那这节课你又收获了什么呢?同样花一节课的时间,其他同学有收获,但是你呢?又获得了什么呢?老师希望你不管上什么课,都要集中注意力,认真听课,知道吧?"他点了点头。上课铃声响起,我让他回到班级,真心希望他能真正听懂这番话。但同时我在想,有没有更好的办法解决这样的问题……

导师需要既教书又育人

张 卫

TS,理科实验班班长,有较强的工作能力、良好的学习方法,为人热情,成绩优良,在班级威信高。后半学期因与语文课代表接触频繁,学习成绩下降,产生不好的影响。得知情况以后,我积极配合班主任对该生做了以下几个方面工作:

思想上引导:结合中学生行为规范,谈当今中学生应有责任意识,引导其树立远大理想,培养良好的行为习惯、道德品质,正确对待同学友情。我利用课余时间到教室巡视,看看他们做什么、聊什么,及时发现问题,真诚交流谈心。

学业上指导:指导学生学习,培养他观察、分析、解决问题的能力,努力提高学习成绩,及时了解 TS 各学科成绩,利用课余时间帮他分析存在的问题,与科任老师交流,布置适量作业,查缺补漏,提高成绩,享受学习带来的种种乐趣。本学期结束,TS 的理综及全科成绩均进入班级前十名。

心理上疏导:有针对性地对该生进行心理咨询,缓解各方面的压力,消除紧张的学习心理。每周批阅的《学生成长日志》,都能看到我们之间顺畅的交流。几个月下来,《学生成长日志》里积极向上、阳光健康的内容多了,叹息抱怨的声音少了,我看到的是一个心情开朗、充满活力的高中生。

生活上指导:指导他做些生活上力所能及的事情,帮助他建立良好的生活习惯,学会自理、自立、自强,科学地安排好自己的日常生活,合理消费,勤俭节约,培养他良好的自我管理能力。

反思:每一位学生在成长的道路上都会遇到一些困扰,不同的是问题的严重程度,这就需要导师及早发现问题,并用恰当的方法引导他、改变他。过分严厉或是过分溺爱,只会得到事与愿违的结果,只有严而有励、严而有格才能使不同个性的学生受到教育,并从中汲取营养,不断完善和充实自我,让每一个学生都能在我们的教育中张扬自己的个性。

走进学生的心灵

张　琴

导师制就是在博爱和责任理念的指导下,让每一个学生的学习需求都得到满足,在尊重学生差别的前提下,使因材施教具有可操作性,实现关注学生个性,特别关注学生的整体发展,让学生有效学习,充满信心地体验成功。

导师不仅要关心学生的学习成绩,更要关心学生的理想信念、思想品德、心理状态、生活习惯等,全面关心他们的成长,真正成为"学生成长导师"。教师的指导要以"学生为本",重点落实到"浅能生"身上,最终是为了激发"浅能生"自主发展。通过"学生成长导师制"的实施,充分调动教师与学生两方面的积极性、创造性与内在潜力。

一、注重学生的个性化教育,加强思想引导

关心学生是每个教师的责任,尤其是对成绩差的学生的关注显得尤为重要。不仅在课业上,在日常生活或是情绪上,教师若持续关心,就能触动学生的心灵,学生与教师的距离就会更接近,学生也能够在潜移默化中学习如何关心别人、关心教师的情绪及生活,因此会更加信赖教师。高一(11)班的LL同学,第一学期刚来校一周,她母亲就找到我,反映她在家如何的不听话,跟父母吵架,态度极其恶劣,父母对她已经绝望。听她母亲这么说,我想起了她来校这一段时间表现出的懒散和不耐烦。

对于这样一个特殊个性的学生,连家长都无能为力,作为她的导师我该如何是好呢? 有一天我找她到办公室,以听众的身份,针对她的个性特点,从学校生活谈到家庭情况,再谈到她最大的困惑。我没有像她母亲那样责备他,而是从理解、帮助、关心她的角度出发,肯定她个性中的闪光点——聪明、不容易屈服;然后引导她说出自己的心里话,了解她的内心世界。整个谈话过程中,我都是以一个亲人、朋友、姐姐的身份聆听她的心声。看得出,她很信任我,说到伤心处竟然大哭起来。我想,这样一个平时那么桀骜不驯

的学生,她内心也有很多的痛……哭完,她轻松了许多,她对我说:"老师,你是第一个愿意听我说话的人。"我对她点点头,真诚地告诉她:"你以后有什么心里话,只要你信得过我,我都乐意听,只要能帮助你。"

从此以后,她把我视为真心朋友,我也把她当成了自己的亲人,我们之间的交谈越来越多了。她变得更积极向上,更阳光,同时对父母的态度也发生了明显的变化。

从她身上我看到,注重个性化教育,把教师的关爱深入到特殊学生的心灵深处,从思想上引导她,能使师生关系更融洽。

二、善于发现学生的潜能,加强心理疏导

有些学生因为学习成绩比较差、表现平平而缺乏信心,作为导师,我们先要正确地看待这些特殊学生,遇到问题学会换位思考;承认学生的差异,善于倾听学生心声,善于发现他们身上的闪光点,要真正实现由重"教书"轻"育人"到"教书"与"育人"相结合的转变。导师从教"学"走向导"育",自觉地把自己从学生的"学业教师"转变为"人生成长导师"。

高一上学期已过去了一半,我发现(12)班ZL同学因语文、英语、数学小测验成绩不理想变得很消沉,下课很少和同学玩,上课常常趴在桌子上睡觉,情绪很不正常。我先给他家长打电话,了解他在家情况,然后利用课间操时间,和他在小花园面对面地交谈。他不想读书了,觉得自己成绩太差,跟不上。我从他的谈话中了解到,他画画非常好,我觉得这是挖掘他潜能的一个很好的契机。我鼓励他参与班级的黑板报、班级布置工作,让他找回自信,感受到自己在班级中的重要性,从而不再认为自己什么都不行。课后,我把他喊到办公室,带着赏识的眼光一再鼓励他:只要把画画那种自信运月到学习上,你的成绩一定会好起来。因为有了老师的表扬和同学的鼓励,ZL同学在学习上有了动力,上课不再打瞌睡,下课和同学们处得也很融洽,学习成绩稳步提升。可见学生的潜能是无穷的,只要我们去挖掘。

在导师制活动中,导师不再是"居高临下"的"说教者",而是学生的朋友,与学生平等相处,坦诚相待;导师应对学生实施个性化教育,充分挖掘学生的潜能,深入实施素质教育,促进学生的人格健康成长,让每一个生命都绚丽多彩!

发现学生的闪光点

王 慧

自2011年9月以来,我校就开始试行"学生成长导师制",整个过程倾注了学校管理者的智慧,也得到了全体师生积极的配合和理解,取得了不错的效果。

学校通过学生与教师的双向选择确定导师,所有任课教师人人都要担任辅导学生的任务,每名教师辅导12名左右的学生。从日常学习习惯、学习方法到人生理想,甚至学生的家庭生活与业余爱好,导师与学生的交流涉及方方面面,对学生的关心发展由责任逐渐转化为感情,真正将教学范畴延伸到了思想引导、心理疏导、生活指导和学业辅导。

高二上学期学校要求重新分配受导学生,由任课老师优先选择,剩下的全交给班主任。这样,那些老师眼中的头疼任务就全归了我,其中包括XJ。对于他的"光辉事迹",高二文理刚分班时我就有所耳闻,从其他老师那里得知他可是蒸不烂、煮不熟、锤不扁、炒不爆、响当当一粒"铜豌豆",软硬不吃。想到现在这粒"铜豌豆"要由我来辅导,心里不免发麻。

可能是由于刚到新班级的缘故,一开始XJ并没有什么出格的行为。时间一长,迟到、不交作业、上课玩手机……这些毛病慢慢浮出了水面。由于早有心理准备,我约他爸爸来学校面谈。这时我才知道原来这是个离异后的重组家庭,有着许多类似家庭的相同问题。在掌握了XJ的家庭情况后,我找到他,问他为什么屡次迟到。他告诉我由于父母上晚班,没人叫他起床,再加上自己惰性大,这才经常迟到。我当即提出做他的"闹钟",每天早上打电话叫他起床。就这样持续了很长一段时间,他没有再迟到。我趁热打铁,每周在他的《学生成长日志》里不断鼓励他。

时间过得很快,转眼到了高三。2012年9月13日,天气有点刚入秋的凉。一大清早我还没出门就听到一声短信铃声,心想这十有八九是学生请假或迟到报备。打开手机一看,是XJ发来的,写道:"微冷,添衣。老师早安。"顿时心里一阵温暖,又不免觉得调皮可爱。 其实他也并不是那个惹人厌的孩子嘛！没过几天，到了中秋节，又收到了 XJ 发来的一条短信："慧姐，中秋快乐。"我很感动，因为这是他第一次这么称呼我。以前我就亲耳听过他对其他同学给我的这个称谓很是不屑。我心里暗喜：想必是我的关心和真诚感化他了吧！在那周的成长日志里，我告诉他我很感动他对我的称呼，并希望能真正做他的好朋友，帮助他进步，而不仅仅是个"闹钟"。

　　好景不长，XJ 接二连三的小毛病和对他屡教不改的无奈还是让我对他失去了信心。我决定不再理他，晾他一段时间。就这样过了一段时间，一个星期五下午，我在班里进行英语测验，离考试结束还有将近 20 分钟的时候，我就看到 XJ 在那摇头晃脑、左顾右盼。想必是已经写好了。这时看到后面黑板需要擦干净，我装作漫不经心地走到了他身旁，小声说："要是写好了就帮我把黑板擦了吧。"这时离我对他的"冷处理"已经有一个多月了，让我没有想到的是，他并没有因此而记恨我，二话没说拿起盆，似乎还是边走边跳地去外面取了一盆水，卷起袖管，开始洗起黑板来。此时已经入冬，水很冷，我看到他的手冻得通红。他洗得很认真，连黑板的边框都擦得干干净净。

　　以上都是我和 XJ 同学之间发生的极其细小的片段，每次我都将这些事写进他的成长日志，和他进行心与心的交流，让他知道哪怕是自己一个极细微的动作、一句不经意的话也是一个巨大的转变。作为导师，我们更应该擦亮自己的双眼，寻找学生身上的每一个闪光点。实践证明，从爱出发，动之以情、晓之以理、导之以行、持之以恒，"问题生"是可以教好的。作为一名老师，我们应该充分相信每个孩子都有自己的闪光点，我们所要做的就是用心与学生沟通，用自己的真诚与爱心打动孩子们。我相信用爱心可以换回爱心，用真诚可以呼唤真诚！

一次谈话

黄晓明

DK是高一(7)班学生,担任纪律委员,这学期是我的受导学生,他还负责学生日志的收集上交工作。新学期开始,我对他印象很好,觉得他做事认真负责,每周一早晨总能准时将日志上交,这是很不错的表现。

但在日常学习中,我逐渐发现他的不好表现:上课偷偷讲话,每天总是无精打采,趴在桌上。我问过他多次,他总是笑笑说,"哦,我知道了。"态度很好,然而不久又再犯。这是一个积习难改的困难生啊,我不禁感叹!但他这种行为我还是坚决要他改正。有一天,我终于按捺不住,大声对他说:"你总是说知道了,你知道什么呀?知道了却不能改正,这不是真正的知道!我要看的是你的行动。你知道吗?上课趴在桌上,这不仅看着不雅,影响你自己的学习状态,即使不想睡也容易昏昏欲睡的!而且,你这种样子会影响老师和其他同学情绪的!"我让他站起来,理由是这样自然就不要睡了。也许是我的神情语气有些粗暴,他感觉有些不能接受,嘴里嘟嘟囔囔地说,"我又没有说话",还故意将凳子移动得啪啪响。"你下课到我办公室去,你这种学生!"言说至此,我忽然意识到这是上课呢,于是赶紧结束批评。

下课后,我在办公室坐下休息,等"肇事者"过来谈话。等了好一会,DK居然没来。好大胆子啊!心里骤然感觉不快。正要喊经过办公楼的学生去喊,门开了。DK懒懒地走进来,昂着头,憨厚又似乎面无表情的样子。

"你怎么现在才来?还要我去请呀?"我沉默一会,发话了。"刚才在教室里交作业,走不开。"他面无表情地说。"走不开?你要好好反省自己的行为啊。"我盯着他,本来只想简单教育他几句,不知为什么竟然临时跑调。"你想一想,读书十几年,上课的姿态小学老师早就告诉你了,可你倒好,这学期我提示了你多少次,你总是改不掉!这难道不是懦夫的表现!过而能改,这才是勇敢者的行为啊。""我知道。"又来了,我不禁又气又恼。正要发火,忽然想到发火无法解决问题,于是我缓和了语气,提起他日志写作上的有关问题。

　　我说,本学期我担任你的导师,我看到你的日志每日都能按时完成,我很高兴,这说明你是负责任、做事认真的人。你想一想,为什么这些事你能做得很好,从不推诿,而上课时那种慵懒态度不能彻底根除呢?还有,日志上你写了那么多痛切地批评自己不够勤快、厌恶学习、成绩不好的文字,这说明你很有上进心啊,可到底是什么原因让你老毛病一再犯呢?"我也不知道。老师,我想我能下决心改掉的。老师,以后你就看我的行动吧!"DK看着我诚恳规劝的表情,大概是有些触动了。

　　这是好征兆啊!我心中暗喜。但我深知,一次谈话的效果不可期望太高。我想了想对他说,我们每个人相处都要讲究相互尊重,尊重不是挂在口头的,要在实际的人际交往中切实践行。

　　"老师,我知道了。"当DK再次说出这个口头禅时,我注意到他发自肺腑同时带着些羞涩的神情,我知道这次"恳谈会"是成功的。

　　后来的事当然如我所料,这次经历加深了我对践行导师制意义的认识。平等、诚恳、现身说法的师生交流,"一对一"经常性的关注,有利于拉近师生的心理距离。我相信,这也是大多数教师的共识,是学校推行导师制的初衷和期望。

教育的价值在于唤醒自觉

许全香

作为导师团队的一员,我很荣幸能够帮助学生在全面健康的状态下快乐成长,他们更快地提高能力和学业水平是我们最大的心愿。作为六个班的任课教师,我成为了15位学生的导师。对这些学生进行辅导的过程中,我深感平等的沟通与真心的关爱在教育中的重要性。下面是我用心指导最深刻、最难忘的一个案例。

TJ同学是我辅导的一位学生,他是一位借读生。刚开始几个星期,他一直没有交《学生成长日志》,于是我主动要求他按时交上来,在我再三叮嘱下,他按时交上来,可是交上来的日志也是随便应付,根本看不出他每天在干些什么和想些什么。通过几个星期的观察,我发现他学习缺乏主动性和自觉性,从不交作业,课堂上也不认真听讲,加之初中理化的基础较差,成绩一直很不理想。通过他的班主任和同学,我了解到他个性腼腆,话语较少,但是特别喜欢画画,平时空闲时间还在上美术课,梦想将来成为画家。

根据他的实际情况,我认为他的本质是好的,如果与家长配合共同对他进行耐心细致的教育和帮助,他是会改变的,能从"后进生"的行列中走出来。因此,我想方设法开导、引导他,使他尽快走出"后进生"这一行列。

首先,我找他进行了一次深谈,从他自己的理想、目标、兴趣、爱好,到他对自己目前学习状况的分析(包括成绩的定位、努力的程度、方法的改进等),谈话始终围绕他的实际问题,帮助他分析成绩不好的原因,树立追赶的目标和信心,激发他学习的动力。

其次,平时在学习上、生活上多关心、多指点,使他觉得老师在关心、爱护他,这样他才能相信老师说的话。这时候与他谈到生活、家庭、人生、学习、就业,才能使之对生活充满希望,关心长辈、关心班级,树立起学习的信心。

再次,鼓励、支持、帮助他克服懒惰、不动脑的习惯。帮助他养成良好的学习习惯,掌握一些基本的学习方法,有点滴进步就给予肯定、鼓励,使之坚持不懈。

最后,创造契机,树立自信心。树立自信心是信任和赏识教育"问题学生"的关键。为了及时了解、掌握他的内心世界和行为表现,进行有针对性的教育,我通过个别谈话、表扬鼓励、正面疏导,发现他的闪光点,以此作为教育转化的突破口和推动其前进的动力。我从肯定小成绩、小进步入手,让他品尝受到赞许、表扬的快乐,从而树立起自信心。他通过努力取得成绩时,一方面及时肯定,一方面又提出新的目标,循序渐进。由此他看到了希望,激发了进步的内在潜力,坚定了不断进步的信心。

也许是这种真诚的沟通、朋友式的交谈感动了他,随后的确有了些变化,成长日志、作业按时交了,上课不再睡觉了,成绩有了明显提高。

反思:每个学生都有学习潜力,其发展存在差异性、不平衡性和独特性。影响其成绩的因素各不相同,不仅仅是简单的基础不扎实、学习不勤奋,通常还有更加深层次的原因,如何能更加全面地了解学生的"病情",对症下药,这就需要我们对他们给予更多的关注,更细心的观察。借助平等的沟通、朋友式的交流能了解其真正的"病史""病因",找到原因后,还需在"治疗"中有足够的耐心,一个"疗程"不行,再来一个"疗程",要不厌其烦,准备打持久战。与此同时,还应根据不同"疗程"的不同反应,适当调整"用药",以达到最佳"疗效"。除此之外,还应用真心的关爱引导,让他们树立信心,努力克服困难,不断进步,走向成熟,走向成功。

做好导师工作是一项艰巨的任务,需要我们坚持不懈的关注和关怀,让爱心在帮扶中传递。学期结束了,导师工作还要继续,我会一如既往地关注他们。通过导师制工作的实施,帮助学生学会求知、学会做事、学会共处、学会做人,使导师真正成为学生人生导航、学业进步、行为规范的领路人;全面了解和掌握学生的基本情况,及时掌握学生的思想动态,主动与学生交心交友,建立良好的师生关系;帮助学生树立正确的世界观、人生观和价值观,激发学生自尊自爱、自信自强和自我管理的能力。

导师的无奈

闫瑞侠

这个学期我带的班级中有这样一个女生,她学习成绩较好,而且是班级团支部书记。开学一个半月以来,她非常认真地学习,尽心尽职地完成班级和学校布置的各项工作。可以说,她是我的一个很得力的助手,我们之间的关系很好。

然而,后来有一件事情改变了她和我的关系,也改变了她的工作态度。一次,学校布置收校刊费用,班级里的学生意见不一,我不想插手这件事情,布置让班长来收。但是几天过去了,几乎没有人愿意交。

课间,我和几位学生聊起这件事情,突然这个女生在边上大声地说:"凭什么要我们交钱? 谁愿交谁交,反正我就是不交钱,看谁能把我怎样?"

我转过头来问她:"为什么?"

"不为什么,我就是不交钱!"

我听她那口气,心里有些不高兴,就耐心地说:"你不愿意交没关系,这是你个人的事情,但是你不能这么大声地宣布啊! 你是班级干部,你都不愿交钱,其他同学肯定也会看着你们的。"

"谁愿意看谁看,谁愿意交钱谁交,跟我没关系。"那口气比刚才还厉害。

我想我不能在班级里跟她理论这事,找个时间再跟她谈吧,于是我就说:"我现在不跟你说了……"

"你不跟我说,我还不想跟你说了呢!"她立刻接过我的话,火气大得不得了。

我一听,心里的火立刻窜起来了,就对她说:"你不交还就不行,每个人都必须交钱。"

她的眼泪立刻流出来了,哭着说:"团支书我不干了,老师你太偏心了。"

"莫名其妙,我怎么偏心了? 我偏着谁了?"

事后,我找来几位同学了解这事,才知道事情的原委。原来,班级里一位在学生会任职的学生负责这次收钱的事情。他和那位女生发生了一点矛盾,那位女生就在他面前宣布坚决不交这次收的钱。这事我并不清楚,而我说让她必须交钱时,她就觉得我是在维护那个男生。可我对此确实一点也不知情。

了解事情真相之后,下午我到班级去找她,想和她聊聊,她不在,于是我就对她的同桌(班长)说,等她回来让她到办公室找我。两节课过去了,她没来。她的同桌告诉我:"老师,她不愿意来,说不想和你谈,没有什么好谈的。团支书也不干了。"

嗨!脾气还不小,那就等她想想再说。两天后,她还是没来找我。后来我在走廊遇见她,她也是扭头就走。

一周以后,我遇见她,喊她,她还是不理我,看来我真的和她没法谈了。接下来的一段时间,相关的工作她也不再过问。我通过班长告诉她,让她继续管理各方面的工作,她也不理会。没办法,我只好找另外一名同学代理。直到学期结束,她都没有主动跟我说过一句话。

我是她的指导老师,我在她的成长日志里写下一段鼓励的话语,并告诉她事情过去了就不要再放在心上。可她却在成长日志中写道:"不要和我说什么大道理,我就是这样,别想改变我什么,更不要和我谈,我什么都不想说!"多么固执的一个女孩!

后来,她竟然让她的同桌告诉我说她的成长日志丢了,我帮她找也没有找到。我无话可说了。

事情虽然已经过去很长时间了,但是我总是很难过,我为我不能和她好好沟通而难过,我为我不能了解她而难过。

这件事情改变了我一直以来坚信的理念:你的生活最有影响力的人是你自己;决定你是快乐还是不快乐的人也是你自己;没有你的许可,任何事物都不能让你快乐;没有你的许可,任何事物都不能让你不快乐。

我更坚信,一位真正的教师不会把太多心思花在说教学生上,所谓影响、熏陶、教育都只是衍生品,教师最该思考的是如何自己活明白,能负起对自己的责任,做好自我管理,学生便会因为对老师的尊重和信赖而追随和模仿,这就是给孩子最好的教育。

一个学生就是一个世界

崔序芳

亨利·海涅说过，每一个人就是一个世界，这个世界随他而生，随他而灭。如果说我们每一个人都是一个世界，那么对老师而言，面对的每一个学生也都是一个世界。学生的家庭出身、成长经历、天赋秉性、兴趣习惯、社会背景不同，这些无法回避的差别使得每个学生的世界千姿百态。我指导的学生XA就是一个典型。

XA是我班的一位女生，初次见面就让我"无法忘怀"。那是军训的第一天晚上，我正在值班，就见一个高挑个子的女生从我身旁经过，长卷发、超短裤、高跟鞋，脚趾指甲上涂上了黑色的指甲油。我当时狠狠地瞪了她一眼，命令她说："你看你像学生的样子吗？赶紧回去换衣服。"军训穿自己衣服的时间毕竟很少，可到了校园里，夸张的穿着和浓妆艳抹使她很快成为了学校的"名人"。作为班主任，我知道她的问题还不仅仅停留在外表，她早就有了帮别人看赌场的"男朋友"，认识一群社会小青年，上课不认真听课，不是睡觉就是玩手机、听音乐，甚至还和别人通电话。但她很聪明，虽然不怎么学，但每次考试成绩不是倒数，性格大大咧咧，同学们也不讨厌她。

面对这样的学生，我不得不想办法采取各种对策，以免她在班级产生不良影响。与她的接触中，我了解到她从小学到初一时都是优秀学生，只是到了初二时与同班的一个"问题女生"发生矛盾，被那个女生打了一巴掌，她回家要求父母到学校帮她"出气"，父母认为这是孩子之间的小矛盾就没有在意，只是要她以后离那女生远点。她觉得父母不能保护她，就开始结识社会小青年，并开始化妆以显示自己不是"平凡的学生"，不是好欺负的。我很同情她，找来她父母，并告诉她，现在父母和老师都会保护她，要求她和那些"朋友"断绝往来。她当时没有说什么，可后来依旧没有改变，而且每次犯错我教育她后，第二天还是再犯。渐渐地，我失去了耐心，不再回避班级学生，甚至有时故意在班级学生面前批评她以树立我的权威。自然，我和她之间的冲突越来越多。最后，我只好向学校政教处求助，政教处找来她父母决定处分她,她父母同意接受处分并保证在家一定监督她。

暑假时,我认真反思了我和她之间一年的"斗争",考虑如何面对接下来两年的相处。后来,我了解到班级大部分同学都认为我有时对她太过分了,尽管他们也认为她要犯校规不应该。这时,我才想起她母亲每次来学校时都说的一句话,"老师,我女儿就是要面子。"当时,我并没有在意,后来体会到要面子不就是要别人尊重她吗?于是,暑假我特意去她家家访。首先,我向她道歉:我有时态度不是很好,方法有时也欠妥。当时她很不好意思地笑了,并赶紧承认她的行为也不对。正是这次家访,我得知她画画不错,于是我极力建议她学美术,走艺考之路。她同意了,很快报名学画画了。

高二时,有了目标的她心静了很多,虽然有时还会化妆、玩手机。每次,面对她的这些问题,我都会想该怎么处理,然后再带她去没有人的地方,指出她的错误,每次她都积极配合。学习上,我不断鼓励她,每次和她谈话,我都会强调一点"你很聪明",甚至还"假传圣旨"说很多任课老师都表扬她,每次她成绩有所进步时,即使只有一门课我也会表扬她。在班级公开表扬她时,她都低着头笑,我看得出来她的笑中既有自豪也有点不好意思。高一她很少上交的成长日志,这学期基本能按时交上来了。在她的日志中,经常能看到她自我鼓励,好几次还提到了对我的感谢。学期结束时,我居然发现我轻松了很多,没有了"心力交瘁"感。我知道,她只是刚达到一个高中生的基本要求,但我相信,只要给她鼓励,她会越来越好。

在和她接触的一年半时间里,我对教师职业素养的认识有了很大的提升。一个学生就是一个世界!陶行知说过,你的教鞭下有瓦特,你的冷眼里有牛顿,你的讥笑里有爱因斯坦。教师只有了解学生的一切才能做到一切为了学生、为了学生的一切;只有全面了解、分析学生,才能把握好教育良机;因材施教,有的放矢,才能有意料不到的效果。美国人际关系学大师戴尔·卡耐基说:"人与人之间需要一种平衡,就像大自然需要平衡一样。不尊重别人感情的人,最终只会引起别人的讨厌和憎恨。"教育家马卡连柯说:"要尽量多的要求一个人,也要尽量多的尊重一个人。"耐心是一个教师必备的职业素养和优良品质,耐心是一种涵养,它要求我们冷静行事,不急躁,要做到"晓之以理,动之以情,持之以恒"。教育有时也需要等待,等待学生的认识提升,等待学生长大。在这个过程中,只要有耐心,教师会帮助每个学生将属于他的世界打造得更美好!

我的导师之道

丁　飞

一、学生基本情况

女生F，语文课代表，是我指导的学生。她平时表现一直较好，学习认真，工作负责。

有一天，平时从不缺席的她没来上课，向班主任问起，得知她父母闹矛盾，正闹离婚。我知道，这件事对孩子肯定影响很大，于是打电话过去。孩子的父亲说话支支吾吾，只说"家里有点儿事"，大概是不好意思明说。事实上，孩子父亲对她还是比较在意的，孩子平时的《学生成长日志》都是父亲签名。让她爸把电话转给她，我分明听到压抑的哽咽声。我就问："你还好吗？"回答是"还好"。我只好说："大人的矛盾，你尽量回避，让他们折腾，你自己要保重。"也不好再说什么其他的话。

后来，我发现她《学生成长日志》里的内容发生了变化。以前还记一些小事与感受，现在全部是感叹人生、剖析事理和自我安慰的名言了。看着那些"老成持重"的名言，我心里很不是滋味。这些话语固然深刻、犀利，但半大的孩子一直说这些，未免让人感到失落与惶恐。失落的感觉来自于我看不到孩子的幼稚、单纯、快乐甚至烦恼的一面，惶恐的感觉来自于我只看到孩子在迷惘与感伤中挣扎。

我无奈地感叹：年轻的心确实脆弱，不应该承受那么沉重的东西。

我弟弟两口子的介绍人就是这孩子的姑妈，我弟弟与孩子的父亲在一个单位。通过我弟弟，我了解到孩子的父母因为一方有过错，矛盾升级，婚姻闹到崩溃的地步。更严重的是，这些严峻的问题都摆在了孩子的面前，这怎么能让孩子冷静面对。无疑，孩子处在痛苦、矛盾与挣扎之中。

二、教育过程、方法

为了疏导孩子的思想，我做了四方面工作：

1.　与孩子父亲沟通交流

电话中，我态度明确，无论大人怎么闹，都要顾及孩子的感受，该忍的就要忍,该避开孩子的就要避开孩子。我提醒孩子的父母:我以前有个学生,她父母为了顾及孩子的感受,默默冷战了十年,一直坚持到孩子高中毕业。我不是要他们一直闹下去,而是提醒他们,要把保护孩子脆弱的心灵放在第一位。

我又通过我弟弟,让他联合周围的人缓解孩子父母的矛盾,尽量为孩子减压。没有一个相对和谐的家庭环境,孩子的心情肯定好不起来,怎么能安心学习?

2.与孩子直接交谈

因为她是语文课代表,我就利用她来办公室的时机,悄悄向她了解情况。我吃惊地听到她这样说:"是我要他们离婚的!"我急问为什么,她回答道:"他们老是吵个不休,有什么办法呢?"我听出她话语中的无奈:父母没有顾及她的感受,她也没办法劝住父母。

我只好说,天下吵架的父母多了,说不正常也不正常,说正常也正常,你最好照顾好自己,也许吵闹过后会云开日出。你是个好学生,要学有所成,把握自己的未来。

孩子点头答应。我知道,她心中的阴霾不是一时半会就能消散的。

我不知道孩子父母以后会不会尽释前嫌、重归于好,但目前孩子的心理是需要我们积极干预的。

3.充分利用《学生成长日志》

我知道,家庭破碎的孩子难免有自卑感,因为自信缺失而内心趋向封闭,这对青少年成长是极其不利的。针对孩子《学生成长日志》中表现出的抑郁情绪,我总是及时发表自己的看法,以鼓励为主,宣扬生活的美好,同时指明生活的复杂性。我试图通过旁敲侧击的方式缓解其内心的压力,让她心理趋于平衡。

4.在语文活动中鼓励孩子

在课代表事务中,我特地让她安排班上语文课前轮流演讲(专题讲话)的学生次序,负责提醒下一个演讲的同学提前准备。我希望通过这种交互性较强的工作,促使她的心情开朗一些,尽量淡化痛苦的记忆,轻装上阵。

作文竞赛参赛资格除了考虑写作水平的因素外,我特地强调同等条件下课代表优先获得参赛资格。表面上似乎有所偏颇,事实上我想借此树立她的信心,减轻她的自卑感。

三、反思

从反思的角度来说，我觉得这项开导工作还有许多事情要做，因为孩子尚未主动来谈父母的事情。我猜想，如果孩子在谈到她父母的时候比较随意，是不是说明她走过了这个坎呢？如果是这样，那么我做得依然不到位。从孩子平时的表现看，她还是比较正常的，接下来再看她的《学生成长日志》吧，也许其中的"风向"有所变化呢？由此，我再次感到《学生成长日志》对帮助学生成长的巨大作用。

关注他的成长

黄明虎

有效的教育是建立在充分尊重、真诚沟通、获得认同和合作的基础上，如采取强制、管束等方式教育，效果肯定不佳，也违背了当代主流教育精神。

本学期导师制工作中，我接手了高三年级的S、C等同学的指导和教育工作。通过与他们在学习和生活中的交往，我感觉当一名导师是那么的快乐，也重新认识和理解了教学相长的真正意义！

S聪明、好学，有较完善的学习方法，是名很有潜力的学生。她为人热情，有集体责任感，在学生中很有人缘。正因为这样，所以难免分散学习的精力，她常常为友谊和学业的取舍而苦恼。C诚实、稳重、善良，有学习的想法，但没有毅力，没有养成良好的学习习惯和学习方法。

思想上引导：教育学生遵纪守法，培养学生良好的品德，通过启发、暗示和创设情景，了解学生的个性特点、行为习惯、道德品质，帮助学生正确认识自我，引导学生树立远大的理想。我利用课余时间跟他们一起分析近期的情况，针对问题展开讨论，发表自己的看法，然后提出具体的整改措施。作为任课老师，我找时间看看他们都在干什么、聊什么，观察学生在完全没有察觉我在现场时的表现，针对他们的问题个别谈话！谈话时不一定在办公室，跟他们一起散步闲谈，让他们完全敞开心扉！渐渐地，学生的表现真诚多了，对老师更尊敬，更有礼貌！

学业上辅导：指导学生学习，培养他们观察、分析、解决问题的能力，帮助学生了解自己的学习潜能及特点，教给学生学习方法，培养他们的学习能力。我知道并不是每个学生的学习成绩都很好，成绩较差的学生往往被老师和同学忽视，这也是造成他们心理压力大的重要原因。所以我利用课余时间给他们指导，选择适合他们的题目，让他们有成功的喜悦！日子久了，我发现他们爱学习的科目多了。

心理上疏导：有针对性地对学生进行心理疏导，缓解他们的心理压力，消除学生的心理障碍，引导学生身心健康、和谐发展。每周我会让他们给我写一封信,信的内容是和同学、老师、父母的相处情况,以及对周围事情的看法等。我从他们的信里看到他们的内心世界,找到学生出现问题的内在因素,及时采取措施!渐渐地,那种小心眼的同学少了,团结同学的次数多了,叹息的时候少了,爽朗的笑声多了!

生活上指导:指导他们从一点一滴的小事做起,帮助学生养成有利于身心健康、学业进步的生活习惯,教育学生自理、自立、自强,指导他们科学安排日常生活,合理消费,培养学生基本的自我管理能力。

今后的工作目标:

(1)让每个学生正视自己的学习成绩,消除心中的顾虑,培养自信心,力争学习进步。

(2)鼓励学生积极参加学校组织的各项活动,锻炼自己的能力。

(3)培养学生良好的学习习惯和行为习惯。

(4)教会学生学习怎样做人。

高中生大部分都处在第二次青春发育期及心理叛逆期,他们虽然长大了,但心思却更细腻、敏感了。所以,我们关爱的眼光、关切的询问、关怀的手势、关心的行动,都会在他们的心里激起波澜,他们就会向你敞开心扉,诉说苦恼,畅谈未来。

第五章　探索之乐

请抬起头，看着我

倪泽燕

初次近距离接触 M，是在一次课间操之后。在拥挤的人群中，我把他叫到一边，想跟他随便聊聊他家里的情况。没想到他一到我跟前，就浑身不自在，眼睛始终看着地面，说话也语无伦次。问到他家里情况，他小声嘀咕："我不想说，你问我妈吧！"在不久的家长会之后，我留下了他妈妈。我知道了他家原来在和县农村，M 还有个姐姐，在他很小的时候，他们举家搬到马鞍山市，父母在城里租房靠裁缝手艺打拼。刚开始几年还算顺利，也有了少许的积蓄，没想到天有不测风云，M 的父亲突然得了急症，而且是绝症，家里花光了积蓄，也没能挽救父亲的生命。那时，M 刚上小学，他母亲就带着两个孩子在城里苦熬。裁缝铺子也关了，母亲只得靠打零工维持全家人的生计。M 自上学到现在，学习还算努力，成绩也不错，就是不爱说话，一直没有很要好的同学或朋友。中考的时候，M 立志要考二十二中宏志班，不去二中，不去红星。

了解到这些信息，我在脑海中盘算着：M 是个怎样的人？他又有着怎样的内心世界？回想他妈妈告诉我的信息，除了凄苦之外，也没什么难以启齿的，他为什么自己不说？

高一开学不久就开始军训，在军训基地，M 因为正步不规范，被教官罚站。我走过去询问情况，他又是眼睛看着地面，摆动着身体，支支吾吾半天说不清楚原因。我着急地说："请抬起头，眼睛看着我说话。"他不得已抬起了头，但眼神还是两边躲闪，就是不敢看我。又过了两天，有学生来喊我，说 M 在宿舍发脾气。我赶过去只见 M 坐在床上，浑身颤抖，闭着眼睛，嚎啕大哭，又是捶胸脯又是拍桌子，样子很吓人，嘴里重复着一句话"你们去死吧！

你们去死吧！……"我赶紧抓住他的双手，把他拉到门外的空地上，轻拍着他的后背说："冷静，冷静。有老师在，不用害怕。谁欺负你了，老师帮你主持公道。"安慰了半天，他终于平静下来，告诉我：隔壁有两个同学，没经过他同意，就和他换宿舍了，并把他的铺盖弄得很乱。他说话的时候，仍然是眼看着地面，摆动着身体。我再次提醒："请抬起头，看着我，慢慢说。"我几次提醒，他几次更正姿势，才把事情的原委说清楚。我立即找来"肇事者"，让他俩当面向M道歉，将各人的铺盖搬回原处，并批评他们：擅自换宿舍是违反学校纪律的。M这才怒气全消，我乘机把他拉到一边，要求他看着我的眼睛跟我交流，这一次，他真正看着我的眼睛了。我告诉他："刚才的事情并不大，你用不着发那么大脾气，同学确有不当的地方，你也有委屈，但这一切都可以通过协商来解决的。你有诉求要尝试着表达，就像现在你和老师这样，千万不能自虐；对同学也要友善宽容，不能出言不逊，像刚才那样谩骂，伤了同学感情，以后还怎么相处呀？同学对你并没有恶意，只是忽略了一些细节，是你想多了。下面该怎么做，你应该知道的。"第二天，两"肇事者"告诉我，M跟他们道歉了，他们已成了好朋友。我倍感欣慰的同时，也隐约感觉到M与其他同学的不同：他是个极其敏感自尊的孩子，他的内心是极其自卑脆弱的。为了维护自己的尊严，他谨慎警惕地应对着周围的一切，表现出过分的自卫，他甚至会假想出许多危险或敌对的因素，所以，他的神经始终是紧绷的。这与他从小失去父亲、家境贫寒的生活环境和成长经历有关，也是他不敢正视别人的眼睛，不能顺畅表达自己想法的根本原因。他生怕别人看不起他，更担心别人欺负他。他越怕受伤就越容易受伤。知道了问题的症结所在，我就想帮他克服心理障碍，走出自我禁锢。只要能碰到他，我就主动喊住他，不断重复："请抬起头，看着我。"然后没话找话地闲聊几句。在军训最后一天开结束会的时候，M的鼻孔突然流血了，我赶紧扶着他到水池边清洗，并告诉他止血的基本方法，一边宽慰他：没关系，是天气炎热，高强度训练造成的，一会儿就好了。就在我替他按摩穴位时，他突然冒出一句："老师，你真好！"我赶忙说："你也好呀！你看你身体这么虚弱，还在坚持训练，多了不起啊！"他仰着头，我看到笑容在他脸上绽放，那种单纯、天真和善良的心性和所有孩子一样，这大概是他在这个新集体中第一次主动表达自己的感受，我想他应该尝试到了表达后的轻松和快乐，他在改变自我的道路上迈出了可喜的一步。

　　回到学校,我有意安排他担任小组长职务,想让他多为同学服务,拉近他与同学的距离;上课经常提问他,在他开口之前就要求他:"请抬起头,看着我。"说得多了,我这句话成了班级的流行语,同学们跟M说话时也学我的口气:"请抬起头,看着我。"久而久之,M跟别人说话时也这样说。有一次跟我说话时,我俩异口同声地说出了这句台词,我们同时都笑得直不起腰。在这样轻松快乐的氛围中,M不再低头,眼神也不再躲闪,因为他知道老师和同学都是关心他的,这个集体少不了他,他已经放松了警惕,很自在轻松地说话做事,他现在已是我们班级的开心果之一,经常看到他和同学们一起打闹。去年的迎新联欢会,他还被同学们推荐为主持人,他那满面春风的表情和妙语连珠的谈吐,都让我倍感自豪和幸福。因为,我知道M的进步不仅仅是知识层面,更重要的是心理和人格层面的进步。这正体现了新世纪育人的教育理念:教育要关注人的内心世界,关注人的幸福生活,关注人的全面发展、和谐发展、个性发展、持续发展、终身发展和健康发展,把学生的发展从知识层面提升到生命发展高度。

　　M在学校接受的知识是极其有限的,但他在校园中形成的自信乐观的人生态度,将是他今后发展的无限潜力,因为有了自信的帆,再加上努力的桨,站在方法的甲板上,人生的航船就可以扬帆远航!

我愿意走进你的心灵

王　茜

高中毕业25周年同学聚会,很多同学已经20多年没见了,大家互相问候,询问彼此的近况,许多同学都说一看你就是个老师,我真的这么像老师吗?已经很多次听人这么说了,教师这个职业在我身上打下了这么深的烙印,还是我就是喜欢孩子,看到一些孩子的行为总是忍不住要上前说两句呢?反正我也说不清楚我是不是喜欢教师这个职业,但是我喜欢孩子!我退休后希望能够办一所幼儿园,天天和可爱的孩子在一起,把自己教育自己孩子的心得用在别的孩子身上。

导师制实行已经有一年半的时间了,先后担任了24位同学的导师,这里面有不再上课的高三理科班学生,也有这学期仍然选我的文科班学生。我可能确实比较较真,要求每个星期的《学生成长日志》必须交,不交我会盯着你,有些学生可能会嫌我烦,每周都得写,随便糊弄一下交上来,但是他们看到每一天的日志我都要看、都要批,慢慢地他们写的也就多了。班级里的事、社会上的事、新闻、笑话、考试中出现的现象、自己的烦恼,什么都有,我认真阅读,发表一些我的看法、心得、一些学习方法,更多的是鼓励的话语。日志里经常能看到一些反映班级里的事情,我及时向班主任反映,让班主任了解一些学生的意见、心里话,或者班级里的一些现象,以便让班主任更好地掌握班级情况,从这一点看,导师制对于班级管理是非常有用的。在我辅导的24名学生中,印象最深刻的是以下几位同学:

高三(2)班的N同学,他每周写的日志不如我写的评语一半多,每周都是一样的几个字(写作业、考试、上课等)。直到高二快结束时,他的成长日志字数才渐渐多起来,他告诉我真的没什么好写的,每天那么多作业,根本没时间写。我说我每天上课、改作业、备课,还要批阅成长日志,咱俩谁忙?对于他的学习情况我总是特别关注,每次月考他的各科分数我都知道,经常鼓励他,希望他再接再厉。作为历史课代表,他总是任劳任怨,把工作做到最好。高二年级14个班,只有他们班历史毕业会考全部通过,我想这也有他的功劳。高三我已经不教他了,但是无论他在哪儿碰到我,或者到办公室拿东西总要和我说几句,汇报一下最近的情况,每逢过年过节都给我发短信,我真的非常感动。

高三(9)班的C同学,她是一位文静的女生,成绩不错,从班主任董老师那儿知道她身体很不好,经常请假,一感冒就无法上学。在她的成长日志里处处看到她担忧自己的身体,我经常找她聊天,安慰她、鼓励她,让她多锻炼身体,一定要保暖,多穿衣服,尤其是要围围巾,防止感冒。同时,告诉她感冒并不都是坏事,它可以激活身体内的细胞参与到保护身体的战斗中,对身体是有好处的,叫她不要太在意。慢慢地,她日志中俏皮话多了,心情开朗了许多,心里有什么话也愿意对我说,学习成绩稳定在班级的前几名了。

高三(9)班的Y同学,这个男孩子是高三(9)班男生里最有希望考上大学的。但他在成长日志里总是发牢骚,抱怨太累,我就把儿子每天的作息时间表抄给他,告诉他学习确实很辛苦,但是我们改变不了,那不如从中寻找乐趣,你不是有梦想吗?要实现梦想就要付出努力,付出努力你还有机会,否则就不要谈什么理想。渐渐地,他的抱怨少了,成绩稳定了,期末考试还考了班级第二名。

每一位学生都是一个独立的个体,每个人有个人的性格、兴趣爱好,通过导师制我们可以更好地了解他们,接近他们心灵深处,传递正能量,培养学生健全的人格。我愿意走进每一个学生的心灵!

开启"皮鞋学生"的心锁

陈国宏

导师制实行以后，导师处在学生管理工作的前沿，必须每天直面学生出现的各类问题。导师解决问题的方式方法，往往会给学生带来最直接、最深刻的影响，有时甚至会影响学生一生。

作为一个在体育教师岗位上工作15年的教师，每天都要面对各种各样的体育特长生，要对体育特长生进行各种各样的教育，但对学生的"表扬"和"批评"也帮助了我的成长。如何把握教育的尺度，每当思考这个问题的时候，一个亲身体验的事例总在我脑海中闪现。记得高一新学期给学生上课，师生互相问候之后，我竟然发现有一个男生穿着皮鞋来上课！"学生是不可以穿皮鞋上体育课，这是违反校纪校规的。"（高中第一次课我们都要求学生穿运动鞋上体育课）我心中顿时充满了身为老师的冲动。正要发作之时，"没有调查就没有发言权"这句话让我克制住了……下课了，我从班主任那里知道了事情的原委：孩子文化课成绩较差，但体育成绩较突出，由于中午不回家，没有及时换鞋子，所以才出现上课那一幕。

这件事一直深深地烙刻在我的心里。我常常想，假如当场惩罚了那孩子，会给孩子留下多大的伤害？那么，又是什么使我在极度愤慨之时拒绝做了憾事呢？是理智！科学地讲，是一种克制自己行为的能力，能自觉、有效地抑制无益的激情和冲动。马卡连柯曾说："不能克制自己的人就是一台被损坏的机器。"教师是教育活动的具体组织者，是学生获得知识的传授者和人格的楷模。教师如何对待生活、事业，对待他人的态度等都会直接对学生产生很大的影响。理智是一种复杂的心理品质，教师"为人师表、教书育人"的工作职责决定了教育工作者必须具备这种修养，它常常是教育工作成败的关键。

那么，又如何能做到在教学工作中处事理智，从而达到在教导学生时起到更加优化的实效呢？实践告诉我们：在传授科学知识、发扬奉献精神的同时，要求每一位教育工作者在教育学生时都应该保持冷静、把握尺度。"人非圣贤,孰能无过?"高中教师面对十六七岁的青少年,应该保持冷静,尽量避免"热处理",这和教师的职业道德是分不开的。教育工作者是社会的一个特殊群体,他们不仅要具备丰富的教学知识,还要有无私奉献的爱心,"教师是人类灵魂的工程师"就是对这个特殊群体最高的褒赞。所以,教师工作本身就要求富有爱心、恒心和耐心。从事教师工作的过程中,理解与宽容是开启学生心门的金钥匙。孔子云:"一言以蔽之,忠恕而已矣。"忠,是指人与人信任;恕,是指人的理解和谅解,即宽容的问题。教师只有全面地了解学生,才会有适当的宽容精神。中国的传统哲学历来倡导以退为进、以守为攻、以柔克刚,这些都是我们对学生采取宽容态度的理论依据。在教育学生的时候,我们应该多想想"他们只是未成年的学生",同时也应该想到理解宽容比严厉的呵斥更能感化学生。教师的教育艺术中,要做到多摆事实,少评论,不轻易使用结论性的语言。另外,教师还应该辅以积极的诱导,用学生某一方面的优点来唤起他对美好东西的向往和追求。魏书生说过:"终止一个坏习惯和培养一个好习惯,多需要足够的耐心。"教师的职责就是要终止学生的坏习惯,培养学生的好习惯,要善于忍耐,才能达到"教书育人"的目的。

无独有偶,新接手的高一班级有个男生上课也总是穿皮鞋。说实话,这样的学生很难碰到!我正想要走过去与他交谈之时,发生在几年前的事又在我的脑海里重现——冷静、理智! 如果我当着全班学生的面,询问有关皮鞋的事,是不是不妥?况且,那个男生站在后边,而且不怎么说话,职业的敏感告诉我,这多半是一个性格内向的学生,可能还有一点自卑!"还是等到合适的机会再了解情况吧!"我对自己说。又一个问题学生站在我的面前,正等着我去引导与呵护!

后来导师制实行以后,这位学生成为我辅导的学生,三思之后,我初步制订了教育策略:要让这个学生脱掉皮鞋,就要让孩子摒除自卑心理,树立自信。自信心是一个人获得成功首要的心理素质。对中学生而言,学业的一时成败说明不了什么,最重要的是要有足够的自信心,一旦他认为自己一无用处时,就会自暴自弃;有了自信心,就有了希望和前进的动力,就能最大限度地开发学生的潜能。孩子树立自信的方向在哪里呢?这个学生平时表现一般、成绩一般,要不是总是穿皮鞋上体育课,真的是极为普通的孩子。每一个学生都是一把有个性的锁,开启每一把锁的钥匙是不一样的。要开启"皮鞋学生"的心锁,我只能独辟蹊径,设法找到那把钥匙。

　　功夫不负有心人,经过一段时间的细心观察,我终于找到了打破孩子自卑感的有力武器。学校召开校运动会,同学们都踊跃报名参赛,该生也不示弱,主动报名参加了两个项目。先前十分担心的我,竟被孩子在赛场上的出色表现擦亮了眼睛——他太有运动天赋了,为班级获得了两块金牌!我激动的心情难以言表,为孩子的两个第一,更为孩子在运动场上的那份自信、那份执著!一时间,我猛醒:这不是转变"皮鞋学生"的有利契机吗?成功的经验会提高学生的自我效能感,我要抓住这个有利的情境,使"皮鞋学生"自身产生更为有效的行为,从而增强他的自我效能感。

　　运动是"皮鞋学生"的最大爱好,从体育运动入手,扬其所长,积极与他进行心理对话。在教导过程中,我对"皮鞋学生"从不疾言厉色,有的只是动之以情、晓之以理。自信心好比埋藏在人们心中的一颗种子,它在适当的土壤和气候的滋养下,就会萌发并茁壮成长,以至改变人的整个面貌。在篮球场上,他带领同学屡战屡胜,并入选校篮球队;在田径场上,他健步如飞,赢得了全校学生的赞叹。因为有了大家关注羡慕的目光,他终于十分自信地站在了体育委员的位置上;因为有了自信的微笑,他终于可以沐浴阳光的温暖;因为有了成功的经历,他终于可以敞开心扉和朋友谈心,与师长交流。事实证明,"皮鞋学生"在自己所热爱的体育运动方面,感受到了成功的喜悦,改变了自我封闭的个性,进一步树立了自信心。当然,经过一段时间的交流,讲清穿皮鞋上课的危害以及班干部应有的表率作用,他终于改变了六年穿皮鞋上体育课的习惯。成功的经历对人的发展具有激励作用,由于对体育运动的喜爱和天赋,加上后天的刻苦训练、奋勇拼搏,也带动了他的文化课成绩,最后他被师范院校的体育教育专业录取!

　　老师对学生施行教育时,要及时调整好自己的心理,把握一定的尺度,这其实也充分考虑了学生的身心特征。青少年的心理发展主要表现为抽象逻辑思维日益占主导地位。由于这种能力的发展,使青少年对事物的认识和判断有可能摆脱对成年人的依赖而独立地进行。但是这种抽象逻辑思维还是经验型的,即主要是以实际的感知材料做基础进行抽象、概括以形成概念,以实际的经验为基础进行推理和判断。因此,学生对事物的认识带有一定的片面性和武断性,不善于全面、客观地权衡事物,易受情绪的影响而失去理智。所以,在青少年成长过程中出现违心悖理的过失和错误是难以避免的,即使各方面表现优良的学生,由于褒扬声中极易产生认同的心理偏差,也可能会发生差异。青少年心理发展的另一个重要特点就是自我意识的发展。其实,每个青少年学生都有自尊心、荣誉感,对于这一点,我们施行教育时要特别精心爱护,决不可轻易伤害。因为自尊心、荣誉感是每一个孩子前进的动力。许多事实证明,教育一个失去了自尊心的孩子,那是很困难的。而且,这个年龄的孩子最易受社会上各种不良风气的影响,也最容易出现这样那样的缺点。因此,帮助他们改正这些缺点或错误,是我们教师的责任,但在教育的方式方法上,切不可麻痹大意。在教育学生时务必注意,不要伤害了学生的自尊心、上进心。"没有调查,就没有发言权",每位教学工作者只要了解学生的心理特征,就能更好地保持冷静,善于忍耐,更好地开展教学工作。

苏霍姆林斯基说过:"在我手里经过的学生成千上万,奇怪的是,留给我印象最深的并不是无可挑剔的模范生,而是别具特点、与众不同的孩子。"当我们看到一个个学生在我们的引导与呵护下,走出了泥潭,冲破了阴霾,重新焕发生命的异彩时,我们心中涌动的是欣慰、幸福!

最成功的一次交谈

邹　璞

这学期辅导的12名学生中有一个学生很特别,她是(14)班的JW,白皙的皮肤,饱满的额头,说起话来慢慢的、轻轻的,很文弱的一个女孩子。见到她的第一面心里就有一个想法,这么慢的人,怎么能适应高中快节奏的学习生活。

第一次语文小测验下来,她的成绩班级第一,而且是遥遥领先,期中成绩出来了,她居然又是班级第一,实在出乎我的意料,我开始特别关注她。

日常的学习中,我发现JW虽然动作不快,但学过的东西能及时复习,记忆力好,基本功扎实。但她常常不交作业,《学生成长日志》经常不交或迟交,特别是作文几乎不交,即使交来水平也不高。情况就一直这样持续着,直到有一次。

那次作文有七八个学生没有交,下课前通知这几个学生第二天一定要把作文交上来,否则第二天语文课到办公室写好才能上课。第二天语文课前,其他同学的作文都交上来了,只有她没有交。我心里嘀咕,怎么是她呢!可规则已经定好,只能让她去办公室。下课回到办公室,她在那里,可作文依然没有写,她说不会写,从小到大就没写过什么作文,中考时作文也没写完。我有没有听错?实在不敢把这种情况与班级第一画上等号。我压住心中的不满告诉她,写《经过之后》这篇作文时,别总想着用什么技巧,把心里的话说出来就行,可以选取自己感受最深的一次经历。

第二天一早,她把作文交了上来,1 000多字呢!写的就是她的中考经历,从文中我对她多了一份了解,之后与她进行了一次交谈。

谈话首先围绕着她的中考经历展开。她初中是在七中,成绩一般位于班级前三名,中考发挥失常,连红星中学都没有考上。她分析自己失利的原因是考前的懈怠。考前有段时间,她认为自己稳稳地能考上二中,别的同学做题时她时常看小说,作业经常不交,因为成绩优秀,也没有引起老师的注意,中考时做题不顺手,就越发紧张了,甚至连作文都没能写完。

我告诉她能正视自己的失败，是勇敢者的表现，你能认真分析自己失误的原因就是成功的开端。接着指出了她的不足：你虽然认识到了自己的失败原因，但这只是第一步，关键是要改掉自己的毛病。"我怎么觉得中考前的坏毛病仍然继续犯着呢？"她低下头，不好意思地说："老师，我一定改掉爱偷懒的毛病。"我说，"是呀，现在你虽然是班级的第一名，但并不是年级的第一名，你的目光要放到全年级，虽然上我们学校心里不平衡，但在这里你都没有把竞争对手全打败，你并不是那个遥遥领先者，先想着做学校的第一吧。"她说："老师，我会的。"

接着谈话围绕着她的作文展开。我说，作文首先是言为心声，要写出自己的心里话，这样写出来的作文就不会像挤牙膏。另外，作文还讲求审题准确，《经过之后》这篇作文重点应落在"之后"的想法、做法上，你的作文经过写得多，之后的想法、做法写得少，修改时，重点改进的是详略安排，老师特别想看到经过中考失败后的反思，以及你是如何做的。她点头答应着。

经过这次交谈，她交作业情况有了明显的改进。期末考试作文题是"我能伤得起"，她还是用了中考的素材，在文章中突出了受伤之后自己的做法，让读者看到了一个坚强的形象。弱点的突破让她在这次考试中语文取得了85分的年级最高分。不仅如此，她的总分名次也位列全年级第一。

文弱的小女生，却蕴含如此大的能量！

以一种平等的姿态走进学生的内心，我找到了最佳的切入点，才使得那次交谈成功。

聪明的学生一点就通，面对如此聪明的学生，必须用智慧的方法去引导。

点燃热情，点亮心灯

梁晓星

2012年9月，校园中多了许多新鲜面孔，有一些同学来自当涂、含山。作为高一（3）班的历史老师，在与班主任孙老师沟通后，有意挑选了几名来自当涂住校的孩子，做他们的导师。因为这些孩子第一次远离家长、亲人，独自来到完全陌生的环境求学，无论是学习还是生活，他们面临的困难、困惑会比较多，我希望自己能给他们一些帮助。

很快，一名叫ZL的男生引起了我的注意。

课堂上这个孩子总是沉默寡言，个头瘦小的他很容易被人群淹没，内向的性格与（3）班活泼、开放、热情的氛围不太协调。他不仅从不发言，甚至在我下课有意走近他时，会出现紧张、慌乱的神情，极度的拘谨和沉默使我无法同他深入交流。

可是，在《学生成长日志》中，他却比任何同学都"健谈"，细小的字迹挤满了留给他的"个人空间"，谈学习、谈生活、说苦闷、说烦恼。我发现他很在意每周一上交日志这件事，从不拖欠，雷打不动。如果我事务繁忙未能及时批阅，他会一趟一趟来办公室，甚至固执地守在我办公桌边，这份守望让我看到他是多么渴求沟通和关注。

这批乡镇中学的孩子们具有共同的品质：淳朴、单纯、懂事、勤勉、自律，又有着与众不同的敏感、多疑、胆怯、自卑，字里行间总是流露出自我怀疑、自我否定，有时甚至有自虐的倾向。期中考试后，ZL在日志中大骂自己"不是人"，对不起父母亲人，因为成绩不理想，他罚自己在操场跑了十圈。这份自责来得如此迅猛，让我一时难以适应。为了宽慰他，我不仅在日志中写了大段激励的话，而且抽时间找他谈心，从初高中的转折、适应，到每个人能力的差异，从成功的多元定义到人生不计较眼前的得失。我口若悬河，他似懂非懂，但至少我的关切他读懂了。他答应我不再消沉，继续奋斗！

以后的日志中，我又发现这个孩子性格比较矛盾，他非常在意别人的态度，甚至会放大这些"好"与"坏"。有时他来办公室，陆主任、邵老师给他一点礼物或几句表扬，他会非常高兴。但是他与室友相处却不太融洽，课本找不到，他会怀疑别人有意藏起来；同学一句玩笑，他会认为是讽刺挖苦，有时别人相谈甚欢，他想加入可往往"口不择言"，惹来别人的哄笑。所以他只有用沉默来对抗外界的"敌意"，用独来独往来保护自己脆弱的"自尊"。

我知道人的性格一旦形成就很难改变，但我更明白，没有好的性格和心态，不可能拥有幸福人生。在现代社会，不懂合作、不会合作很难成功。所以我总是在他的日志中留下热情洋溢的文字，鼓励他摒弃消极的思维习惯，"有时候我们感受不到阳光的温暖是因为躲在阴影里""春天，不是季节，而是内心，幸福，不是状态，而是感受"，我让他多注意汲取人生"正能量"。我经常找他谈心，说历史、说故事，甚至把邵老师也"牵连"起来，让他通过自身成长的经历告诉ZL，性格不分优劣，只要注意扬长避短，内向的人也能获得成功。

也许是来办公室多了，也许是熟悉了，渐渐地他愿意开口说话了。元旦那天，市教育局领导来我校探望宏志生并与他们座谈。可能是没经历过这种"大场面"，除个别同学外，其他的孩子都显得有些拘谨和紧张，会场出现了短暂的"冷场"。我一边鼓励孩子们大胆发言，一边用眼光寻找平常比较活跃的几个孩子。这时我看到ZL一直注视着我，手欲伸还缩，欲言又止的样子。我及时迎上去，"ZL，你是不是也想说两句啊？"他脸憋得通红，一下子站起来，"我想说……"他说感谢学校实施导师制，感谢自己的导师总是不厌其烦地鼓励他，让他这个自卑、内向的孩子终于有了几分自信。他用手一指，"这个就是我的导师，是历史老师，我要感谢她……"

他纯朴的发言引起了几位领导极大的兴趣，我想也许他们从这个孩子身上看到了自己的过去。

那一刻，我内心的感动无以言表，只有我明白，这个孩子需要经过多少次的纠结挣扎才能站起来。当着这么多人发言，对于他，需要积攒多大的勇气和力量。我更懂得，他是要用这种方式来表达自己对老师的感激。作为导师，这是我新年收到的最珍贵的礼物！

元旦前一天，我买了12份巧克力送给受导学生，我希望他们能够感受生活的甜美，同时我也觉得自己有时真的是在从事着一份甜蜜的事业。

点燃热情，点亮心灯，这是我对导师这个角色的理解。

感悟成长

张　昕

　　教育活动是促进学生成长的自觉实践,学生时代是一生中成长最重要的一段时间。从此层面来说,教师工作的确责任重大。我们既需要看到学生是发展中的人,也要关注到学生是独特的人。教师不仅仅要做到授业解惑,更应做到传道,帮助学生成为一名适应时代发展需要的合格公民。雅斯贝尔斯说过:"将教育仅仅停留在知识的传授上,这种教育是没有灵魂的。"这也要求教师要走在学生的前面,尽快适应时代发展对教师提出的新要求,做到终身学习,不断更新自己的教育教学体系,树立起与时代精神相通的教育理念。只有在先进教育理念指导下,我们才能在日常教育教学活动中,不断完善、充实自我,不断从实践中反思,才能更好地促进自己的专业成长。

　　我想起自己在担任班主任工作时印象较为深刻的一件事。

　　高一年级期中考试,作为平行班的高一(6)班取得了好成绩。大多学科的成绩均名列平行班第一。作为班主任的我有些骄傲起来,认为经过两个多月的调教,班风已然形成,于是去班级次数少了,考虑问题也少了。但是我高估了我那批弟子,其实教师的认真或懈怠、关爱或冷漠、真心或假意,他们总是能感觉到。

　　很快不断有任课教师反映同学们不尽如人意的地方。我苦口婆心地规劝他们,再让他们自己反思,但效果并不太好。现在想想,我根本没有好好与孩子们对话,只是一厢情愿地灌输他们已经听过无数次的说教。

　　一天中午再次和同学谈心,我在讲台上情绪激昂:"我们要有目标,我们要有责任,我们要对得起父母,对得起自己……"突然眼角一瞥,看到静寂无声的班上某一位男生很不耐烦地嘟噜了一句什么。"YL,你站起来! 有话大声说,别在下面乱嘟噜。"热血一下子涌上脑门,我脱口而出,没有细想这是一位很有个性的男生。那位男生真的站起来,"你费那么多口舌干什么? 想学好的他自然学好,不想学好的说再多也没用。""怎么,难道还有不想让自己有个好前途不想学好的人吗?"我提高了嗓门,"那可真不一定。比如说我吧。我本来就不想上高中，是爸妈非逼着我上高中，怎么办？就混呗。"他也提高了嗓门。我一时竟无语。看到班上本来都是趴在桌上的同学一下子似乎全来了精神，饶有兴趣地看着我俩一问一答，我冷静下来。"你坐下。"我放缓了语气，降低了语调。用严肃的眼光扫视了全班之后，稍停片刻，"我希望全班同学就以今日我和YL同学的对话谈一谈感想，今日的日志可以以此为素材，放学！"

当日我回家时碰到同事LB，一位很有思想的班主任。我向她倾诉了这件事，"气死我了，竟然当面顶撞我。""你的这种冷处理不也挺好！还有别一旦遇到什么事总认为是学生的错——班主任工作贵在坚持。"

第二天，我急切地翻看了弟子们的日志！竟有一小部分同学并未对此事谈感想。早在记日志伊始，我便对他们说过，不给他们的日志添加任何负担，他们可记录任何想记录的事情。这一部分同学或许并不认为这是一件值得记录的事情，或是认为师生冲突不知该如何记录。还有一大部分同学仅仅是简单客观记录，如"今日Z老师和YL发生了激烈的争执""今日是我见到的最激烈的课堂上的争执"诸如此类。仅有几位同学旁敲侧击地写道："目标的树立是很重要的""我不管别人怎么想，但是我是很在意别人对自己的看法。我希望自己在别人眼中是一个积极的人。"于是我便拿这几篇日志做范文在班上宣读，引导班级舆情，算是对此事做了总结。

通过这件事我得出几点经验教训：第一，班主任工作贵在坚持，坚持适合自己个性特色的教育教学方式，常抓不懈。高中三年，每年都有自己的教育侧重点，坚持自己的节奏，不能因外在或内在因素而随意改变，同时注意避免陷入教条主义。遵循教学规律，同时教无定法，需将科学性与灵活性充分结合在一起，体现中庸精神。第二，惩戒式教育方式不能用得过多、过滥，否则就像滥用抗生素一般，会使学生有了耐药性。经过一上午的学习，到11点40分放学时学生已然很疲惫，倘若此时再将他们留下训话，自然属于惩戒式教育，学生对此很反感，也失去了此种教育手段的作用。育人治班应以正面引导、教育感化为主，惩戒为辅。第三，作为一名班主任，需详细了解自己弟子们的个性品质，因材施教。师生交往中注意根据学生的个性品质来处理问题，要关注每一个生命个体的独特性。第四，班级中一旦出现冲突场面，班主任需做到大事化小，避免场面失控，冷处理为佳，并充分利用此种偶发事件进行潜移默化的价值观、人生观教育。第五，教师作为一名专业人士,除了需要有博大精深的知识涵养,还应逐步磨炼自己个性品质,形成沉着冷静的性格气质,成熟稳定的思想情绪,宽容豁达的人生态度。正如洛克所言,"具有高超德行,持重、明达、和善的人,同时要具有能够经常庄重、安适、和蔼地和学生交谈的本领。"

经历着,感悟着,反思着,成长着,且行且歌!我思故我在,我思故我乐,我思故我长。感悟着学生的成长,感悟着自己的成长!

从细微处入手

杨谋明

真正接触导师制是上学期的事情,但是这半年来的导师工作已足以让我这个"新人"感慨良多。今天,我想要分享的是最开心的一个案例。

先说说这个学生吧,一个漂亮、单纯、善良的小女生YH。起初认识她是在高一(12)班,那时候我还不是她的导师,我只是"挤走"她们心目中和蔼的任老师的"新人",我和她也仅止于上课提问、课下问问题的简单关系。高二分班,小曾又分到了我带的高二(13)班,并且成为我指导的学生,从此我开始了和她的深入交流。

开学没多久,我就发现她的作业没有高一时认真,上课也不如以前专注,而且在日志中有诸多抱怨和不舍。不舍原来的高一(12)班,抱怨现在的高二(13)班。她的学习兴趣也大大下降,对自己未来的大学路渐渐丧失信心。她总是看到现在班级的班风不好,上课纪律松散,作业抄袭严重,觉得自己在这样的环境中会越来越差,而且和班级同学基本无交流,潜意识里将现在和高一进行比较,结果令自己失望,如此循环、往复,思想消极,学习成绩下降。

后来因为一次作业,我们深入地谈了一次。首先,我们回忆了高一她认为愉快的时光,然后她开始大肆吐槽,觉得外部环境实在太差。我及时打断她,因为大概了解两个班级的状况,我暂时承认了她的说法。接下来我提问题:你可以比较一下高一和现在的自己吗?她得出的结论是以前自己乐观、自信,但是……难道这是被逼的吗?这全部是受环境影响吗?现在你们班没有品学兼优的学生吗?班主任对你们不够用心吗?父母对你没有以前关心了吗?接连的回答都是否定的,这让她开始有些恍惚,她开始反思自己。

最近,她的表现开始慢慢改变。她告诉我,由于文化课压力过大,她准备报考艺术专业,并已经在学习播音主持。现在的课堂上总能听到她回答问题的声音,她又回到了那个乐观、开心的样子,成绩稳定,并学会关心同学、老师。节日时,总会记得给我发来祝福短信;降温时,也会在日志里写如

"老师,加衣"这类暖心的话,每每想到这些学生的点滴进步,心里总会觉得开心、感动。

学生处于情感的不稳定期,一些微小的变动便足以让学生的内心世界波动。因此,作为学生的导师,今后的工作更要从细微处入手,分析学生的思想变化,多与学生交流,及时帮助,及时解决问题。导师制进一步拉近了师生关系,让师生之间有更多的愉悦和互动。

让我再试一次吧

魏志军

WH又一次旷课！家长既没有电话，自己也没有解释！我怒不可遏地问第三天仍旧迟到的WH，"昨天干什么了？"他一副无辜的表情，"睡觉啊，在家睡觉啊。"

高一入校第一面，他前脚刚进班，他妈妈后脚就跟到我办公室，一把鼻涕一把眼泪，说WH爸爸在他四岁时就外出打工，从此失踪。WH有一个姐姐，刚上大学。WH外婆跟他们一家生活，已经是癌症晚期，家庭经济很困难。我再看到WH时，安慰他说："安心上学，学习上遇到任何困难，都可以过来告诉老师，老师会尽力帮助他。"我特意安排他为我的受导学生，这样平时可以格外关注到他，我帮他申请了国家助学金、方圆支承助学金。同时我告诉他，别人只能帮得了你一时，真正能够改变命运的是自己，好男儿当自强。看着他倔强坚定的眼神，我很欣慰。

然而，高一考过一次全班第五名后，班级前列中再也没有他的名字。同学们反映他身为课代表，自己作业还不写，后来班级干部选举中他落选了。每次领助学金的时候，他歉疚的眼神总是令我不忍斥责他，担心这时的批评会伤害他的自尊心，我只是意味深长地看着他。在他的《学生成长日志》中，我鼓励他要把握宝贵的青春时光，做一个上进的学生。

我替他着想，他竟无动于衷，甚至违反班规校纪，全班就他两次旷课，高二暑假结束，全班就他一人没按时返校。我打电话给他，他居然说忘记了。

好吧，男孩子粗心点，忘记了，我原谅他一次。结果元旦放假回来，他故伎重演，又一次说忘记，真是太可气了！

我心里说，算了吧，这样的孩子还让人说什么呢？

可想到他妈妈流泪的样子，我对自己说，再试一次吧。

下午下班后，我绕道来到他家。敲开他家门时，他妈妈惊呆了，我双肩披雪站在他家门口。他妈妈赶紧把他从屋里叫出来，WH也惊呆了。这是"三九"的第一天，屋外滴水成冰，天空飘雪。

得知我的来意后，他妈妈很感动，说正想找我谈谈WH。

原来他这几天在家里生气，觉得自己几次模拟考试成绩不佳，高考奋斗无望，又不想浪费妈妈的钱，所以昨天不愿上学，今天还不想去，就这样迟到了。

听到这，我的心一下子软了，气也消了很多。面对高考有这样的矛盾心情，说明他不甘落后，并非无可救药。我责备的语气没有了，转而是循循教导。我分析了他学习上的优缺点、各门功课的优劣，他仔细聆听，时而点头，时而询问，我感觉到他渴望提高成绩的真诚。我又对他提出近期目标和远期目标，他也说出自己的迷惘和顾虑，在他妈妈和我的共同劝导下，我看到他眼里闪烁着自信的目光。

回家的路上，天已漆黑，大雪飘飞，寒风凛冽，然而我的心却是无比平和释怀，一个不甘落后的孩子在人生的转折点彷徨，我的信任让他感受到老师对他的不放弃，这次家访也许真的能够让这个矛盾的男孩一鼓作气、奋起直追！我知道，任何事都不会一蹴而就，我愿意对自己说，再试一次吧！

导师制让班主任更自如

彭梓明

我们学校从去年开始实行导师制,说实话,我一开始并不看好这件事,教师只要教好书,把自己班级管理好就行了。通过一学期的实践,我发现学校许多方面发生了可喜的变化。通过实行导师制,提高了班主任、任课教师及其他教职员工的学生管理水平,初步形成了一支专业互补、功能互补、有创新思维、能通力合作的教师队伍,改变了以往学科教师只埋头教书,认为自己在德育方面没有责任,把德育推给班主任或政教处的现象,全校教师人人都参与对学生的教育和管理,走近学生,真正做到既教书又育人。

导师制让教师人人参与德育和学生管理工作,切实走近学生生活,走进学生心灵,让学生在课堂内外学习、生活等方面都能随时得到老师的关怀和指导,从而使学校教育生活化、人文化、亲情化。

一次课间聂老师找到我说:"小彭,你们班的S同学最近状态很不好,有没有什么不正常情况?"我想了想,"没什么不正常呀,只是最近上课老打瞌睡,精神萎靡不振,我放学后找她谈一谈,或许是晚上看书太晚了。"还不到放学,聂老师又来找我,还拿来了一本《学生成长日志》,"小彭,我发现了问题所在,S的父母经常在家吵架,已经影响了她的学习,你要和她的家长好好谈一下。"我说好的,明天我就找他们谈。放学后,我找到S同学,了解了她家的情况,并打消了她的顾虑,请她的家长第二天到学校来。这位同学的家庭比较困难,父母靠摆大排档为生。母亲想借钱给小舅,但小舅借钱并不为什么正事,只是为了赌博。父母为了是否借钱的事经常吵架,有时晚上回来两三点了,这一吵就把S同学吵醒了,还要她调解,等她调解好了,她也睡不好了。我通过做她父母的工作,终于把这件事解决了。回头来看这件事,从发现问题到解决问题,聂老师都起了很大的作用,导师制的实行拉近了授课教师、学生和班主任之间的关系。

学生成长过程中,导师不自觉地承担起了三重角色——像父母,在生活上体贴、关怀学生;做良师,在学业、品德、心理等方面鼓励、指导学生;成益友，与学生进行民主平等的思想交流。实行导师制，有利于建立民主、平等、和谐的新型师生关系，拉近师生间的心灵距离，激发学生学习的内在驱动力，增强学习兴趣，提高学习效率。教师在与学生的互动交流中，也会发现自身专业成长的薄弱环节，感受到提高教学水平和育人能力的迫切感和必要性，充分激发教师主动学习的内在驱动力，增强责任感、成就感和自豪感，促使教师努力实现专业知识与人格魅力的自我完善。导师制使教师和学生同步发展，实现了教师与学生发展的"双赢"，既培养成功的学生，也造就成功的教师。

开展好导师制关键在于"爱""诚""宽"：

"爱"，就是对学生的关爱、爱心，教育如果没有爱，就犹如池塘没有水，没有爱就没有教育，任何说服都无法开启一颗封闭的心灵，唯有导师让学生感受到关爱和爱心，才能开启学生的心灵之门。

"诚"，建立相互信任的师生关系，给学生一份信任，就能搭起一座沟通的桥梁。"问题学生"和普通学生的差异不仅仅在行为上，更在心理上。"问题学生"由于日常生活中经常受到各方面的批评和责骂，容易产生抵触情绪，对别人尤其是对老师缺乏信任，许多事情都瞒着老师私下进行。如果把一些事情告诉老师，让老师帮助处理，可以避免不必要的麻烦。因此，如果导师和受导学生建立了相互信任的关系，很多事情都可以迎刃而解。

"宽"，就是宽容，习惯是多年养成的，我们不可能让一些"问题学生"马上发生改变。我们必须明确一点："问题学生"在改正错误的过程中反反复复，我们必须学会宽容。苏霍姆林斯基说过："孩子的过失不管多严重，如果不是出于恶意，就不应该惩罚他。"其实，当一个人知道错误的时候，内心都有赎罪的渴望，学生犯了错误，恰恰是教育学生的良机，此时此刻的教诲也许会使他终身难忘。

作为学生的成长导师，自己不再仅仅是单一的任课教师、班主任或其他教育者的角色。对于所结对的学生来说，你既是学科辅导老师，还是生活上的帮助者、感情沟通者、人生规划指导者等。除了要对学生学业的进步提供针对性的帮助和指导，还要对结对的学生进行思想上的引导、心理上的疏导、生活上的指导，为学生成长过程中出现的思想及心理变化提供及时有效的帮助和辅导，特别是在学生遇到困难挫折和人生重大选择时应进行及时有益的教导和帮扶，使其能够对未来进行正确合理的规划和选择，促使其身心和学业健康全面发展,为人生的幸福奠基。作为学生的成长导师,我们必须完成自身角色的转变,即从导"学"走向导"育",特别是对学困生,导师不仅要关心他们的学习成绩,更要关心他们的理想、信念、心理等。只要我们有正确的教育观念、坚定的信心,学生就会在我们的引导和激励下,养成良好的行为习惯和思想品德。

为她的梦想导航

姚旭峰

这是一个极为普通的女孩。一日上班,我走进办公室,发现靠近窗口的桌子上有一本《学生成长日志》,显然它是在我不在时从窗户塞进来的,我一看日志封面,知道她叫……是高一(10)班的,班主任是吴老师。我迅速地浏览了她的日志,本以为像某些学生一样是流水账,日志的确有流水账的痕迹,但在一栏关于她经历的事件的记载中,我发现有几行字记载了她内心的独白:"我多么想学习绘画啊,可惜……唉……"我一看便知这个女孩极度渴望学习美术,可好像有什么难言之隐。当时我只是知晓她的想法,并未在意有何难言之隐,便顺手写了这么一句话:"既然那么喜欢绘画,就大胆去学呀。"一周后再次批注日志时,我发现她又写下了那句话。我有些惊讶,为何她想学却又不肯付诸实践呢?下课时,我询问了她关于想学美术的一些情况,她表情有些羞涩,欲言又止,好像真的有什么难言之隐。我只好大概地给了她一些建议。与她的班主任沟通后,了解到她来自低保家庭!自己非常喜欢画画,可家庭又负担不起学费,加上女孩子害羞和莫名的自卑心理,才使得她在日志里发出深深的呼唤和对我欲言又止的羞涩……我决定要帮帮她。于是,我找到她美术课老师,说明了她的情况并请求高老师教她学习美术,同时酌情考虑减免学习费用。

接下来的情况让我十分意外。当我向高老师介绍该生的情况并把她的日志递给高老师时,高老师有些诧异地说,这位女生在去年中考时就见过。原来高老师便是她所在考场的监考老师,发现她的字写得挺漂亮,考试结束时,特意与她交谈了几句,她说很喜欢绘画,高老师希望她将来能与自己联系。但不知何故,她一直未与高老师谈学习绘画的事。令我惊诧的是,这名女生在选择导师时,选择的是高老师而不是我,我却鸠占鹊巢,做了她的导师。"误会"终于解除了,更关键的是,这位女生想学画画却又难以启齿的隐情被我们发现了。于是,高老师立即领她去了自己的画室……

一次不经意的"鸠占鹊巢",成全了一个女孩的梦想!

爱的教育

李 蓓

教育家陶行知说过："没有爱就没有教育。"作家冰心说："有了爱，就有了一切。"讲台生涯已近18年，问问自己学会了爱吗？如在几年前，我会大言不惭地说：是的。但是今天，我却没有勇气这么说。因为说到爱，首先要知道什么是爱，要有爱的能力、爱的技巧、爱的方法。

从事教师工作18年，自认为教书育人游刃有余；担任班主任7年，什么学生没有见过呢？自满情绪慢慢膨胀，靠经验教书育人成了我生活的常态。学校实行导师制，除了12名受导学生，我还将班级学生分成四组，每周用四天时间批阅《学生成长日志》，看得很粗略，一般就写几句鼓励、提醒的话，权当应付学校的差事。但一个男孩的日志给我重重的一击，原来自己早就不会去"爱"了。

HH，一个满头卷发、皮肤略显黝黑的男生，经考试选优进入(3)班后，成绩一直不太好。初次打交道是去他家家访，表面上看这孩子很内向、腼腆，除了在学习上有点松懈外，没有什么缺点。家长对他的不满是他学习缺乏主动性，而且喜欢以学习为借口提出各种要求。对这个男孩的第一印象很平凡、普通，我例行公事地提要求和作为班主任对他的期望，他和家长表示要积极配合，努力学习。开学后，一切工作顺利开展。从同学们上交的成长日志中也没有发现什么不好迹象，日子四平八稳地继续。有一天，忽然听说HH不想在(3)班了，想转回原班级！这是为什么？事先没有任何先兆，这孩子到底在想什么？翻开HH的成长日志，每天记录的只是作业，由于没有刻意要求日志记什么，所以少数学生就当做是作业记录本了，我也没有太在意。与HH交流时，他才说出想离开(3)班的原因。他说，在这个班级找不到原来的优越感，而且感觉同学关系不融洽，所以在(3)班他很不自在，没有心思学习。原来就这个理由，我说："男孩子要拿得起、放得下，遇到点挫折就放弃，太让人遗憾了。"看他不吭声，我要求他不要在成长日志里记作业，改记自己的心得。当HH走后，我想，这是一个很好对付的学生，看上去还挺容易说服的。自己正暗自得意又搞定了一个学生，谁知在下次的日志中看到一行字:让我爱这个班级,得让我有爱这个班级的理由!和以往不同,过去他写的字大而且松散,没有什么形状,但是这一次他的字写得有劲,而且右面有一个大大的感叹号,显然有很大的情绪在里面。我一下子懵了,自己的教育就这么白费了,这孩子心里该有多大的愤懑,但是表面上却风平浪静!我自以为了解现在的学生,自以为经验可以帮助我搞定一切,看来这只能称作"自以为"。现实是,我其实并不了解我的学生,并没有走进他们心里。

HH是一个内向、不显山不露水的孩子,正是这样的表象让老师们很放心,觉得不会出多大的问题和麻烦,而且从成长日志中看不出他有什么心理变化。但是只要有问题就一定会暴露出来,现在暴露出来是一件好事,从日志中显示的不满也是对老师教育工作的帮助,说明他还比较信任老师。因此,老师无论做什么工作都要细致,要面向全体学生,千万不能以为自己工作时间长,经验就会起作用。自己做老师这么多年,逐渐放松了对自己的要求,也常忘记过去牢牢记住的两句话:"假如我是孩子""假如是我的孩子"。现在几乎每个家庭只有一个宝贝,家长把孩子交给我们培养,是对我们极大的信任,我们应全身心地去爱他们。对于自己过去几年里淡忘的责任心,应及时收回来,要不断警醒自己,时代在变,学生在变,教师也要不断地学习,不断地用教育理论和成功的案例充实自己。HH依然在成长日志中记作业,我在批阅时,会找话题跟他聊,让他担任组长,"逼迫"他一周至少与我见两次面,顺便可以问问他的学习情况和想法。学校要求导师与学生必须有真正的教与学的关系,也就是说,HH下学期将不归我指导了。放假前最后一次交的成长日志中,他终于写了几句话:"我知道你是一个负责任的老师,虽然不能继续跟着你,但是请等着我飞黄腾达的时候再来报答你。"话语多么稚嫩,多么简单,我看到了几个月来我坚持主动与他沟通的成效,多么不易,多么令人高兴!孩子的成长速度不完全一样,像HH这样的学生要多理解、少指责,多尊重、少简单粗暴。我终于领悟到爱的魔力,我并不是不知道爱,但是长期不学习失去了爱的力量,长期自满丧失了爱的敏锐和爱的能力,是学生让我意识到这点,教师的爱是教育的桥梁。导师制是架起这座桥梁和道路的支撑,不仅要用导师制,还要真实地用好导师制。

最难忘的一个案例

吴 莎

这一学期我担任17名学生的导师,通过批阅《学生成长日志》,与学生及其家长交流,我对这些孩子情况有了基本了解,其中最难忘的是自己高一(10)班CZ同学。

由于我是他的班主任,所以开学的时候便注意到他,他热心助人,是个善良单纯的孩子。几天之后,我发现他是个很爱表现的学生,上课喜欢"抢答"。由于他暑假用功复习,理科成绩不错,课堂上很受关注。男生爱表现很正常,起初对这个学生便是这样简单的印象。批阅成长日志时,我发现他的字写得很小很工整,文笔也很细腻,和表面看上去那个大大咧咧的男孩子很不一样。我猜想这是个有故事的男生,他的心思比同龄的男孩都要敏感和细腻。

开学两周之后的军训活动,按照学生的身高和体形将八个班学生重新编排了,他由于个头不高被分到了"混三排"。那天他的成长日志明显透着失望和不甘心,想必他很在意这些,于是我便想找他聊聊。果然,他从宿舍出来的时候满脸愤懑。我告诉他:人生路漫漫,一次小小的分组无需太在意,其他方面你很优秀,没有谁能事事都争到第一,不能被小小挫折击败;性格上要更加开朗些,以后还会有很多挑战。我试图和这个十几岁的孩子解释这些道理,没想到他钻进牛角尖,还是说些消极又丧气的话,总是提不起士气,我只好作罢,想过段时间再和他聊聊。

结果第二天他笑嘻嘻地对我说,老师我昨天表现不好,我写了封检讨书给你。当时由于比较忙,看他笑嘻嘻的也就没急着看,等到他们都去训练了我才静下心看检讨书。他写的其实不是检讨而是他自己的故事。他告诉我,他妈妈在他初二那年从家里阳台跳下去结束了生命,从那时起他颓废了将近半年,整日沉迷在游戏和悲伤里,直到中考临近才拾起书本,考试的结果也让他很不甘心。他用他细腻的文笔轻描淡写,却让我既惊讶又心疼,这么小的孩子,在成长最关键的时候,失去了最爱的亲人,还是这样一种极端的方式。那一刻，我终于明白，为什么他的字总是小小的，因为他心灵缺失了一块；为什么他总是喜欢表现，因为他希望得到老师的关注；为什么他总是那么在意，因为没有人可以给他应该得到的那份无条件的爱。

我与CZ同学的家长联系，他爸爸很惊讶他会主动跟我说这件事。正因为如此，我想也许CZ同学觉得我是个值得信任的人。作为一个老师、班主任兼成长导师，我更应该好好地保护这个孩子的自尊，给他缺少的爱并且不断地激励他，使他能够走出自己内心的阴影，变得更加自信。学习上，他需要我们几位任课老师的鼓励，也希望我们表扬他。他常常来问题目，只要他考得好，办公室几位老师都会夸奖他，于是他变得更希望看到自己进步，这次期末考试成绩也名列前茅。我曾经跟他说，可以尝试预习下学期的新课，我的话无形中成为他学习的动力，促使他一直保持着这样积极的学习态度。生活上，由于缺少妈妈的照顾，我有时会悄悄提醒他一些细节或者是形象问题，他总是很不好意思地说谢谢老师。虽然他仍然有些爱表现、爱钻牛角尖，但是他会在成长日志里向我倾诉，他总是写得很长很长，一天的日志相当于别人好几天的。我总是选择独处的时候，静下心来好好读他的心情，然后真心地写下每一句批语；有空的时候我经常找他聊聊天。成长日志给这样的孩子一个平台去倾诉成长的点点滴滴，让他在迷茫的时候，即使没有母亲的陪伴也可以用这种方式和老师交流，他在青春期遇到的疑惑迷茫和懵懂都可以解决，这样的交流一定能帮助他慢慢抚平心里的创伤，走出年少时的阴影，变得和同龄人一样阳光开朗起来。对我而言，导师制让我感受到，参与这样一个让人心疼、有上进心、爱学习的孩子的成长对一名教师来说也是种幸福，因为他让我感受到教师职业精神最重要的素养——爱！

那一张笑脸

刘 焱

学校从2011年8月开始实行学生成长导师制,至今已经一年多的时间了。导师制更加关注学生,更加关注学生成长的脚步和过程,更加关注教育过程中的人文价值,一定程度上促进了学校和谐、可持续发展,落实了新课程理念。

女孩小D,从高一开始就是我的学生,但那时我并不是很了解她,直到高三成为我的受导学生。她成绩不是很突出,腼腆、胆怯、不自信,课堂上她的目光是游离的,当老师关注她的时候,她也只是腼腆一笑。不知为什么,那张腼腆的笑脸让我心生怜爱。从此每次看到她,我都期待那一张笑脸。当第一次看到小D的成长日志时,我有些许失落,因为她只是在敷衍,没有诚心和我交流。但我仍然很诚恳地发表我对导师制的看法,很诚恳地建议怎样写"我的地盘""我做主",并且画了三个笑脸。她开始谨慎地和我交流起来,因为她感觉我"很重视她"。渐渐地,她来我办公室的次数多了,日志内容也越来越多。从交谈和日志内容看,她高考压力大、缺乏自信,我抓住每一次机会,不断重复"相信自己,坚定目标,不犹豫、不彷徨,继续!"

之后,她日志内容越来越丰富,越来越深刻,随处可见她对班级、同学和老师的关心,对自己学业的反省与期待。"今天是个喜庆吉祥的一天,下午桃子老师格外精神地踏进班级,不仅带了很多喜糖,嘴角还一直扬起。结婚怎么还来上课?"我批阅:"人生有三乐。""有人把赢字拆开解释为:亡——危机意识;口——沟通;月——时间;贝——金钱;凡——平常心。古人的智慧与现代人的创意结合,阐述了一个事实,成功绝不是偶然。"我热情回复她:"喜欢读你的地盘,喜欢与你分享每一件事情。在你丰富、灵动、精彩的叙述中,我看到和你外表一样可爱、丰富、阳光的小D。"

她和我的交流更顺畅了,甚至不怕"暴露家庭隐私":"我家老D昨天酒喝多了。酒后吐真言,把自己藏私房钱的地方说出来。喝酒很伤身体的,希望老D注意别贪杯……"我批阅:"那你妈妈岂不乐坏啦?"

　　当然，我们更多的是对学习的交流、对未来的憧憬和对现实挫折、困惑的探讨。在探讨和交流中，我们相互期待，相互信任。我一直以为是教师引导学生，殊不知，学生也在以他们独特的方式引导我们，使我们成长！我就被小D深深感动。小D说："最近一直头痛呕吐，便想到年初时读过史铁生先生的一篇杂文：生病的经验是一步步懂得满足，发烧了才知道不发烧的日子多么清爽，咳嗽了才知道不咳嗽的嗓子多么安详。刚坐上轮椅时，便想，不能直立行走，岂不把人的特点搞丢了，便觉天昏地暗，等又生出褥疮，一连数月只能歪七扭八地躺着，才看见端坐的日子多么晴朗。终于醒悟，其实每时每刻我们都是幸运的，任何灾难面前都有一个更字。对此，我是颇有同感的。"小小年纪，竟然有如此深刻的体悟，让我汗颜。还有一次，小D说："老妈不是什么高学历的人，却是有大智慧的女人……她说，每个人都是带着自己的剧本而来的。她很感谢我愿意投胎到这家，她不要求我考上名牌大学，但可以进入自己理想的大学；不求我的未来多广，但可以多去看看外面的世界。其实，她就是我的全部世界。"看到这，我的眼眶湿润了，感叹道："你妈妈是个幸福的女人。"更有甚者："这算是本学期最后一篇日志，就像和树洞说秘密一样，突然有一天，树洞被堵住了，我的某个神经被打结了。从起初对它的怨声载道到如今的期待，其实，变的只是自己。我不再怀疑自己即将踏上的路！我开始觉得幸福。"我心动了，心痛了。

　　我将珍藏这份感动，我愿意和小D永远交流下去。看她的日志，和她交流真是一种享受。这难道不是一种缘分？

　　那张羞涩、腼腆的笑脸，伴随着文采、灵动的文字，将永远珍藏我心。

让学生感受到老师真诚的爱

孙东林

XG,男,中考成绩662,初中就读于十二中。

开学初,我就给全体同学布置了一个任务,写一篇文章,内容涉及以下方面:一是分析中考的得失情况;二是家庭情况介绍;三是高中三年的学习计划和自己的目标。

XG同学这样写道:"我叫XG,初中就是个'问题学生',学习不努力,迷恋游戏,是运气好才考到这么多分,幸运地来到了这个班级。我的成绩其实一点也不好,也没什么特长,分数在我看来就是浮云,我讨厌上学的日子,那种日子就像一口枯井。初中时我就逃学上网,父母的苦口婆心让我良心不安,于是我想学吧、考吧,考上高中再玩三年……"

确实像他自己写的一样,第一周我发现他学习状态极差,很迷惘,没有目标。我仔细观察,发现他本质不坏,敢说敢做。我想这个孩子很有个性,有待进一步深入了解。我首先直接找他谈话,开门见山,寻找原因,结果和我开始预想的一样——不理想。我打电话与他父亲联系,了解到他5岁时母亲去世,之后和奶奶一起生活,后来父亲再婚。在这期间,他父亲长时间在桃冲矿工作,幼小的他主要和后妈一起生活,以至于一段时间成绩下降明显,意识到问题的严重性后,其父才到市区另找工作。了解上述情况后,我想他主要是心理问题,缺乏家的温暖。针对上述情况,我采取有以下对策:

(1)调换座位,安排他和YL同学(该同学阳光,进取心强,朴实,母亲3岁去世,父亲腿有残疾)同桌,希望YL各方面多帮助他(同龄人,有更多的话语,更好沟通)。

(2)我自己担任他的导师(他的成长日志内容太少、太简单,我不厌其烦地一次次找他谈心,耐心地批阅、鼓励!)

(3)上课时多找机会提问,帮助他树立信心。

(4)与任课老师沟通,寻求他们的帮助,希望老师给他更多的关心,让他感觉到大家庭的温暖。

(5)生活上多关心他。

期中考试,他有了些许进步,我及时鼓励。由于我的疏忽,虽然家长会上反复强调家长帮助孩子分析原因时多给些鼓励,少些责备,哪知他父亲的做法恰恰相反。期中考试后的一个星期天,他没有去上辅导课,老师打电话给家长,家长说去了,一个晚上都没有回家。星期一上午没来学校上课,我打电话了解到这些情况,对他父亲说,首先把孩子找回来,不要责备。第三天早上回来了,下午来校上课,中午我去教室,他主动过来向我说明情况,我没有批评他,而且和他说了我与他父亲的通话内容(批评他父亲没有发现孩子的进步)。但几天后,我对他这次不理智行为提出了严厉的批评。

期末考试他又进步了,这次家长会我反复提醒他父亲,回去后一定要多鼓励、多关心。大年初一上午,我第一个接到的电话就是XG同学的,那时我真是由衷的高兴。

作为一名成长导师,不仅要走进学生生活,更要走进他的心灵,以心交流,用心沟通。导师要不断变换自己的角色,平等地与学生交流,在其人生成长的关键时期帮助、指导他们。

后　记

　　五年前,根据组织安排,我调入马鞍山市第二十二中学工作。这所学校是市区四所省级示范高中之一,由于种种原因,生源起点相对较低,一些教师干劲也不足。作为校长,如何改变学校现状,如何调动全体教职工的积极性,始终是我考虑的问题。偶然的机会,我在《中国教育报》看到了一篇介绍一所学校采用学生成长导师制使学校面貌焕然一新、教育教学质量显著提高的报道,这篇报道深深触动了我,使我茅塞顿开。我利用一个月时间搜集了国内外有关导师制方面的材料,大脑中渐渐明晰了导师制这一概念。我把这一想法和学校的其他同仁做了交流,得到了他们认可,于是便有了在全校开展学生成长导师制实践与探索的设想。

　　从2011年8月开始,我们多次召开会议,就实施学生成长导师制的设想进行了研讨和交流。认识慢慢地统一了,实施的方案也制订了。9月新学期一开始,我们便着手开展学生成长导师制的工作探索。导师与学生的配对,导师职责的定位,导师工作的评价,导师与班主任工作的关系,导师与家长的沟通与联系,导师工作量的认定,学生成长日志的批阅……伴随着思考,我们在实践中逐渐把这一创新性的工作逐渐完善起来。

　　经过几个月的实践,当我看到学生的精气神足了,教师干劲高了,学校面貌转变了,我对这一探索的信心有了底气。导师制要求每位教师都参与到学生管理中去,走进学生的心灵,与学生打成一片,这必然会改善师生的关系,传递教育的正能量,活化育人模式,促进学生健康、全面、可持续成长。

　　既然这一举措能够促进学校全面发展,我们便想总结实践经验,同时提升到课题研究的高度,在理论层面进一步探索。2012年,我们申报了省级课题并被批准立项。导师制工作走了一条从实践中提升理论,在理论的指导下完善实践的路线图,这也符合认识论与实践论。五年来,我们共编辑成册《学生成长导师制指导教师评价表》49本,《学生成长导师制材料汇编》2本,《学生成长导师制指导教师反馈表》《学生成长导师制教师论文集》《导师案例》《导师新语录》《二十二中教育》(导师制专辑)各1本,《二十二中家访材料汇编》3本。导师制取得了一定的成效，带给我们思索的内容更多，这也是研究与实践的意义所在吧！

编写这本书的初衷很简单，就是想把我校全体同仁五年来付出的辛劳和智慧留存下来，以物化的形式传承学校在教育教学改革中勇于创新的精神。

本书之所以能顺利出版，得到了上级领导和教育界同仁的大力支持。我们衷心地感谢省教科院包文敏副院长、张守祥副院长、夏建华主任、王贤进主任等专家在百忙中不吝赐教，高屋建瓴地给予指导，使我们明确了研究的方向；感谢市有关领导对我校各方面工作给予的充分肯定和热情鼓励；感谢市教育局杨才余局长在百忙中抽出宝贵的时间为本书作序，感谢时任市教育局党委书记万亚平、时任市教育局局长王炳祥对我校导师制工作的关心和支持，感谢市教育局田战雷副局长、徐良副局长、朱家贤副调研员以及相关部门科室负责人对我校导师制工作给予的帮助和指导，感谢市教科院张先义院长、梅立新副院长、刘决生老师以及全体教研员对导师制课题不遗余力的修改和完善。本书的出版，得到了安徽师范大学出版社的鼎力支持。最后，感谢所有为此付出劳动与智慧的学校全体同仁，没有你们，这本书同样不能付梓！

胡学平
2016年6月于诗城